명상하고 달리고 쓰기

명상하고 달리고 쓰기

이우성

소소사
sososa

나를 사랑하는 것은 나를 찾는 것이다.

차례

Intro
괜찮다는 걸 말하고 싶은 거다   11

명상 | 행복을 찾는 여정

1. 어느 날 새가   19
2. 뒤엉킨 질문들   20
3. 살고 싶어서   22
4. 아직은 사라지면 안 돼   24
5. 소리를 따라 가고 소리를 따라 돌아오고   25
6. 노력의 순간들   27
7. 그렇게 하기로 결심한 순간 그렇게 되었다   29
8. 다시 모든 게 안 좋아졌다   31
9. 사랑하는 것들이 있었잖아   32
10. 있잖아, 나는 어떤 사람이야?   34
11. 뭐야 무슨 일 있어?   36
12. 숲에선 그저 숲에 있는 것   38
13. 너를 계속 생각할 거야   41
14. 물었다, 나에게   43
15. 문득 떠오르는 생각   45
16. 사랑이라고 말하면
    사랑으로 만들어진 사람들이 다가온다   48

17	고요를 믿어야 해	50
18	눈을 떴을 때	52
19	자신을 사랑한다는 감각	54
20	흘려 보내는 것	56
21	호흡에 집중하세요	59
22	명상에 대한 오해	61
23	한번 적어볼래요?	63
24	이런 날	66
25	지나갔어	67
26	용감하게 달려서 사람들 속으로	69
27	왜 용서하려고 해?	71
28	나한테 왜 그랬어요?	72
29	혹시 괜찮아진 걸까?	74
30	나로 인해 상처 받은 사람들을 위해 기도하기	76
31	나를 힘들게 하는 생각들마저 사랑할 거야	78
32	모든 것을 사랑할 필요는 없으니까	80
33	잠시 가만히	83
34	집중하고 잊기	85
35	나에게 집중한다는 건 뭘까?	86
36	다시 눈을 떴을 때	88
37	평화가 찾아왔어요?	90

달리기 | 행복으로 가까이 가기

1	사실은 머무는 거였어	95
2	달리기를 할 수가 있다	97
3	달리기의 의미	99
4	마음, 마법	100
5	화이팅을 천 번 외치면 생기는 변화	102
6	각자의 레이스	104
7	재종이와 상은이의 51초	105
8	힘든 것도 나고, 극복하는 것도 나야	108
9	망설이지 않는 법	110
10	망설이던 문 앞으로	111
11	인터벌 러닝	113
12	나는 이 속도로 달릴 수 있다	115
13	기어코 해내는 사람	117
14	매일 달리고 깨닫는 거	119
15	낮의 트랙에서	121
16	서브3	123
17	우연히, 웃었어요	125
18	새도 아니고 물고기도 아니고	126
19	안부	127

20	비브람 파이브 핑거스	129
21	느리게, 더 멀리	131
22	흐르는 것들	133
23	LSD : 아이러니	134
24	왜 달려?	136
25	오늘 남산 3회전	140
26	영우의 가을	148
27	흘려 보내기	150
28	DNF	152
29	첫 DNF	153
30	5시간 이후의 러너들	154
31	준식이의 완주	156
32	비로소 모든 것이	159
33	피니시라인	162
34	평화	164

Outro

괜찮지 않아도 괜찮다   167

Intro
괜찮다는 걸 말하고 싶은 거다

그녀는 배우를 꿈꾸었다. 그리고 한때 배우이기도 했다. 한때 배우였던 사람은 이제 배우가 아닌 걸까? 같은 사람인데 무엇이 달라지기에? 그녀에게 어떤 사연이 있는지는 모른다. 우리는 이따금 달리기를 한다. "예전엔 분노로 뛰었어요. 내 안에 있는, 이해할 수 없는 것들에 대한 감정. 그게 저를 끌고 갔어요." 그녀가 말했다. 맥락 없이 눈물이 날 것 같았다. 하지만 슬퍼서 그랬던 건 아니다.

그녀의 이름은 산희. 성은 성. 산을 달리는 트레일 러너고, 요즘은 도로와 트랙도 자주 뛴다. 처음 산희 님을 만났을 때 이름에 산이 들어가는 사람이 산을 달리는 게 신기했다. 성이 산이어서 '성산'으로 줄여 부르기도 했는데 유명한 산 이름이 떠올라서 좋았다.

"지금은 분노가 없어요. 편안하게 그냥 달려요." 산희 님이 이어서 말했다. 나는 행복해졌다. 친구가 느끼는 좋은 마음이 나에게도 전해진다. 종이 한 장이 하늘에 떠서 바람을 타고 날아가다 사라진다. 거기 분노나 슬픔 같은 단어가 적혀 있을까? 분노는 어떻게 그녀에게서 사라졌을까? 분노를 느끼는 산희와 분노가 없는 산희는 같은 사람인데 무엇이 달라졌을까?

몇 년 전 나는 죽기로 결심했다. 5분 동안. 죽을 여건이 되지 않아서 다시 살기로 했다. 죽는다는 건 사라지는 걸까? 살아 있어도 사라졌는데? 나는, 나를 자각하지 않고 살아왔다. 나를 자각한다는 감각을 이해조차 못했다. 그게 왜 중요한지도 몰랐다. 천천히 달리고 나서야, 멈추고 앉아서 눈을 감고 호흡하고 나서야, 지금 여기에 내가 존재한다는 것을 알았다.

나는 이제 괜찮다. 내가 스스로 괜찮아지는 것을 선택했다.

만약 당신이 지금 외롭다면, 이제 그만 외로워도 괜찮다는 걸 말하고 싶은 거다.

명상

행복을 찾는 여정

저는 앉아서 눈을 감고 가만히 머물기 시작했습니다.
슬픔이 저를 붙들고 가라앉는 중이었는데요,

1
어느 날 새가

하늘은 파랗고, 새 한 마리가 피융, 소리를 내며 날아갔다.

한 줄 날카로운 칼이 그어지고 벌어진 틈 사이로 빛이 풍선들과 함께 쏟아졌다.

세상의 모든 것이 괜찮다고 말하고 있는데,

나는 오직 괴롭고만 싶었다.

괴로운 게 싫고 벗어나고 싶은데, 괴롭고만 싶었다.

하지만 지금 내가 말할 수 있는 명확한 사실은, 모두 과거의 일이 되었다는 것이다.

그리고 나는 현재에 있다.

2
뒤엉킨 질문들

뭐가 그렇게 힘들게 하는데?
사랑하는 사람과 헤어졌어.
말하고 나면 공허했다. 이유를 설명하는 데 3초 아니 2초도 걸리지 않는다.
그래서 사소해진다.

너가 힘든 건 헤어졌기 때문이란 거잖아?

아무도 이렇게 말하지 않았지만, 말한다 한들 틀리다고 할 순 없다. 하지만 그게 아닌데, 그게 전부가 아니야……

어떻게 살아야 할까? 어떻게 살아야 다가오는 일들을 받아들일 수 있을까?

또한 어떻게 살아야 사랑에 대한 신념을 지킬 수 있을까?

그리고, 사람에게 실망하지 않을까? 누구보다 나 자신에게 실망하지 않을까?

헤어지고 집으로 돌아오는 밤의 차 안, 질문들이 보풀처럼 일었다

3
살고 싶어서

한 사람을 잃고 모든 걸 잃었다. 그 상황을 받아들이는 게 힘들었는데, 더 잃을 게 남아 있다는 걸 깨닫게 해주는 일들이 계속 생겼고, 그것들마저 잃었다. 그래서 나는 죽어도 괜찮았다. 하지만 아픈 부모님, 회사 직원들, 아홉 살 강아지…… 자동차 리스 요금, 출간하려고 써 둔 원고, 종영하지 않은 드라마, 매달 내는 기부금, 박스에서 꺼내지 않은 새 러닝화…… 휴, 죽지 못할 이유가 많아서 살아야 했다.

막막했고 눈물이 났고 울지 않았다. 연민에 빠질까 봐. 그건 살고자 하는 의지가 강한 사람이나 하는 것. 주말에 혼자 집에서 떡볶이를 먹으며 넷플릭스 영화를 보면서, (낮이었다) 이제 자야지, 깨 있으면 괴롭기만 하니까, 다시 눈을 안 떠도 상관 없어, 하지만 죽는 게 지금은 좀 곤란해. 다행이지. 내가 눈을 못 뜰 가능성은 제로니까. 다시 눈을 뜨면 괴로울 거야. 그래서 다짐했다. 뭐든 해보자. 다가오는 감정을 가만히 수긍하지 말고 이겨내기 위한 노력을 해보자. 그 순간 궁금해졌다. 매일 명상을 하면 변할까? 명상을 안 해봤는데 혼자서 할 수 있는 걸까? 갑자기 왜 명상이란 단어가 떠오른 거지?

다음 날 명상을 했다. 몸이 명상을 하라고 말했기 때문이다. 살기 위해 무엇을 해야 하는지 몸은 아는 것 같았다. 그리고 몸은 그날부터 매일 말했다. 살고 싶다고. 그건 내가 모르는 나였다.

4
아직은 사라지면 안 돼

"명상을 시작했어."
친구에게 말했다. 친구가 물었다.
"그게 뭔데? 어떻게 하는 거야?"
"몰라. 그냥 명상을 했다고 생각만 하는 걸 수도 있어."
"왜 해?"

'자꾸 내가 지워지는 것 같아서. 영영 사라질까봐. 그런데 아직은 더 있어야 돼.'

나에게만 말했다.

5

소리를 따라 가고
소리를 따라 돌아오고

처음 명상을 할 때는 아무것도 몰라서 일단 앉았다. 유튜브에서 '명상'을 검색하니 '싱잉볼 명상'이라는 영상이 나왔다. 플레이했다. 싱잉볼 소리가 거실에 울리고 가이드의 목소리가 들렸다.

"소리를 따라서 멀리 갔다가 돌아오세요."

소리를 따라 멀리 가는 게 뭘까? 눈을 감은 채 소리의 흐름을 느끼려고 애썼다. 그러다 문득 시계를 보았는데 3분이 지나 있었다. 다시 눈을 감으니 빛이 가득한 아침의 거실이 정원이 되었다. 충만한 감각이 몸에 가득 찼다. 불과 3분 전까지만 해도 상실로 가늑했는데.

싱잉볼 소리는 커졌다가 작아졌다. 작아질 땐 집중하고 소리를 찾았다. 그 순간엔 정말로 소리를 따라 낯선 곳으로 가는 것 같았다. 나는 내가 싫고, 내가 있는 곳도 싫어서 엉뚱한 곳으로 가는 게 나쁘지 않았다. 그래 어디든, 여기보다 나아.

그리고 소리가 커지면서 의식이 나에게 돌아왔다.

아, 여기 있네.

이 당연한 사실이 왜 그렇게 감격적이었는지 그때는 몰랐다. 다만, 다행이었다.

나는 나를 버리고 싶지 않구나.

생각들이 밀려왔는데 일어나서 움직이니 사라졌다. 정원의 잎들이 자라 무성했다.

6
노력의 순간들

 싱잉볼 소리는 신기했다. 물결처럼 부드럽게 일렁이며 마음을 만졌다.
 상실감이 깊을 땐 아무도 무엇도 도움이 되지 않는다고 느낀다. 음, 느낌만 그런 게 아니라 정말 도움이 되지 않는다. 그런데 뜬금없이 싱잉볼 소리가, 따뜻했다. 그래서 아침마다 소리를 들으려고 일어났다. 침구를 정리하고, 거실 테이블에 부려 놓은 배달 음식 용기를 치우고, 천천히 삶의 중심으로 나를 데려다 놓는 노력을 해보았다.
 비가 나무의 잎들을 끈질기게 때리는 어느 오진, 눈물이 났다. 울어도 되는 걸까? 잠시 고민하다가 그 모습이 안타까워서 그냥 울어버렸다. 왜 우는 것도 못하게 하는데? 나 자신을 한탄하면서.

그건 나에 대한 연민이 아니었다. 한 사람, 나름 온전하게 살아왔다고 자부했던 한 사람에 대한 연민이었다.

의자에 앉아 마치 TV 드라마 장면 같은 바깥을 보았다.

우산 안에서 모두 어딘가로 가고 있었다. 그건 용기의 풍경이었다.

'나도 다시 갈 수 있을까.'

작고 어두운 거실에서 나는, 기다렸다. 무엇이 다가올지 모르는 채로.

7
그렇게 하기로 결심한 순간 그렇게 되었다

'명상'이라는 걸 하겠다고 결심했을 때, 나로선, 아침에 할 일이 생겨 버린 것이다.

내 안의 상실감이 약간 당황하는 것 같았다. 잠을 자야 할 이유가, 아침에 눈을 뜨고 일어나야 할 이유가 모두 생겼기 때문이다. 뻔한 이야기이긴 한데, 잠을 자야 아침에 눈을 뜰 수 있고, 일어나야 명상을 할 수 있다.

하지만 무기력한 상태로 오래 있었던 내가 갑자기 왜 명상을 하기 위해 움직였는지는 아직도 아리송하다. 그게 어떻게 가능했을까? 일단은, 이렇게 적을 수 있다.

그렇게 하기로 결심한 순간 그렇게 되었다

　글을 쓰며 생각해보니 명상은 별로 힘이 들지 않고, 심지어 누워서도 할 수 있어서 무기력한 나도 시도해 볼 만했다. 어차피 최악인데, 그냥 한번 해보지, 뭐.
　그런데 눈을 감고 앉아 있으면 내 안의 내가 자꾸만 멀쩡했던 나로 돌아가려고 했다. 최고는 아니었지만 꽤 괜찮았던 나로. 그게 원래의 나니까, 돌아가는 게 너무나 당연하다는 듯.

　싱잉볼 소리를 따라 멀리 갔다가 돌아오는 것처럼.

　눈을 감고 앉아 있는 동안에는 나를 끌고 지옥의 늪으로 들어가려는 못된 힘이 감히 다가오지 못했다. 하지만 불안하다는 사실은 변하지 않았다. 안전하다는 감각은 여전히 내 것이 아니라고 믿었을까?

8
다시 모든 게 안 좋아졌다

명상을 하려고 앉아 눈을 감았는데 나쁜 기억들이 떠올랐다. 심지어 마구 달려들었다. 대면할 용기가 없었다.

감은 눈 사이로 눈물이 흘렀다. 속수무책.

분노조차 할 힘이 없었다.

9
사랑하는 것들이 있었잖아

　무기력하게 누워서 인스타그램을 보고 있는데 여럿이 모여 달리기 하는 사진이 나타났다. 대수롭지 않게 넘겼는데 계속 그런 사진들만 보였다.

　나도 달리기를 했었지. 불과 한두 달 전까지만 해도 열심히 했지. 속으로 이런 생각이나 하면서 스스로를 한심하게 바라보는 상태로 있었다.
　달리기가 하고 싶었다. 모든 걸 뺏겼다는 느낌이 들었다. 왜? 나는 잘못한 게 없는데. 누군가를 사랑했고 혼자 남았을 뿐인데, 왜 아무것도 못하고 혹은 안 하고 있어야 하지. 심지어 내가 사랑하는 것들을. 그래서 누운 상태로, 사랑하는 것들을 떠올려보았다.

(순간적으로 '사랑'이란 단어가 머릿속에 가득 차더니 현기증이 느껴졌다)

  아침의 빛, 거실에서 하는 스트레칭, 라면과 콜라, 음악을 듣고 리듬에 맞춰 몸을 움직이는 것(결코 춤이라고 할 수 없는), 안마 의자에 앉아 배스킨라빈스 먹으며 넷플릭스 보기, 새 책 읽다가 포기하고 계속 테이블에 올려 놓기만 하기, 월급날 계좌에 입금된 돈 확인하기, 달리기…… 달리기……
  하나씩 떠올리며 내가 왜 이런 것들을 하지 않아야 하는지 생각했다. 하지 말라고 아무도 말하지 않았다. 내가 그렇게 한 것이다. 좋고 싶지 않아서. 자학하는 거야, 나는 혼잣말했다.

  시계를 보니 하루가 꽤 지나갔다. 이렇게 있어도 아무도 뭐라고 하지 않는구나.
  그랬다.

10

있잖아, 나는 어떤 사람이야?

안 친한 지인들에게 메시지를 보냈다.

'저는 어떤 사람인가요?'

상처받게 될까 걱정했지만 어차피 상처는 충분히 받고 있어서 참을 수 있을 것 같았다…… 과연.
답장이 올 때마다 떨렸고 두려웠다.
나를 안다는 건 용기가 필요한 일이었다. 그런데 막상 질문하고 나서 생각해보니 나는 나를 안 알고 싶었다.

사람들이 보내준 나에 대한 이야기를 읽는데, 읽고 또 읽어도, 나 같지 않았다.
나는 그들이 알고 있는 것처럼 좋은 사람도 아니고, 특별하지도 않은데……

뭐야, 나 도대체 누구야?

알고 싶지 않았다

11
뭐야 무슨 일 있어?

"얼굴이 왜 그렇게 안 좋아?"
모처럼 만난 지인이 말했다.
"아냐, 나 너무 좋아."

안 좋은 건 맞지만 안 좋아 보인다는 말을 듣는 건 싫고.

"오, 살 빠졌어? 좋아 보인다!"
또 다른 지인이 말했다.
"아냐, 요즘 힘들어."

안 좋은데, 좋아 보인다는 말을 듣는 건 더 싫은가……

나, 무슨 일 많구나.

12
숲에선 그저 숲에 있는 것

두려움은 어디에서 올까? 불안은? 한동안 이 질문의 답을 찾기 위해 애썼다. 나는 살고 싶었다. 비장하고 암울하게 느껴질 수도 있지만, 인생을 살면서 죽을 만큼 괴로운 순간은 자주 찾아온다…… 명상을 시작하고 며칠 지나지 않았을 때 눈을 감고 앉아 있는 것만으로도 가끔 마음이 편안해졌는데, 그게 왜 그런지도 알고 싶었다. 왜 어떤 날은 똑같이 그런 상태로 있어도 불안한지도 궁금했고.

어느 날 숲으로 여행을 갔다가 새벽에 혼자 운전을 해서 돌아오는데, 아침 명상 시간이 되었다. 나는 늘

오전 8시에 명상을 했다. 그래서 차를 멈추었다. 창문을 열고 눈을 감았다. 눈을 감아도 숲이었다. 보이지 않아도 그곳에 존재하는 것들이 느껴졌다. 볼을 만지는 바람, 머리카락 사이를 지나 피부에 닿는 빛들, 새들과 강물이 움직이는 소리. 그것들을 느끼는 것만으로도 편안하고 행복했다. 명상이 뭔지 모르지만, 눈을 감고 이런 것들을 하나하나 알아채는 것이 나를 기쁘게 한다는 것을 알았다. 그런데 왜? 어떻게?

그때 문득, 책에서 읽은 문장이 떠올랐다. 어떤 책이었고 언제 읽었는지 기억나지 않는데, 우주의 전언처럼 갑자기 찾아온 것이다.

과거는 지나갔고, 미래는 오직 않았으니 나는 오직 현재에만 있다.

나를 괴롭히는 것은 지나간 기억이었다. 그리고 미래에도 그 기억을 극복하지 못할 것이라는 예감. 하지만 저 문장처럼 과거는 지나간 것이고 미래는 오지 않았다. 나는 현재에 있으니 그것들을 두려워할 필요도 없고 그것들 때문에 불안할 필요도 없다.

명상하고 달리고 쓰기

아, 중요한 것은 현재에 머무르는 것이구나!

그날 그 숲에서 알게 되었다. 현재에 머무를 수 있다면 편안해질 수 있다는 걸. 숲에선 그저 숲에 있는 것. 그 숲을 빠져나가면 어떤 일들이 다가올지 알 수 없다. 좋은 것일 수도 있고 아닐 수도 있다. 하지만 아직 오지 않은 것들이다. 나는 과거를 극복해내고 싶었기 때문에 그날부터 현재에 머무는 연습을 시작했다.

마음속에 항상 '지금, 여기'를 새기며.
당시엔, 그것이 나를 어떻게 바꿀지 몰랐다.

13
너를 계속 생각할 거야

 어떤 날은 생각이 몰려든다. 슬픈 생각도 들고, 괴로운 생각도 들고, 기분 좋은 기억이 떠오르기도 하고, 바쁜 업무 고민이 잔상으로 남기도 한다. 심지어 내가 생각이 이렇게 많은 사람이었어?라는 생각도 든다.
 그래서 포기했다. 생각아, 그냥 나를 잡아먹어.
 생각을 안 하고 안 하고 안 하려고 한다고 안 해지는 게 아니어서 (나중엔 훈련이 되어서 생각을 밀어낼 수 있게 되었지만!) 이 방법밖에 없다고 생각했다.
 어떤 생각은 날카로워서 나를 찌르고 어떤 생각은 트럭 같아서 나를 깔아뭉갰다. 그런데 그 상태로, 생각에 이끌려 가만히 있었더니, 생각하는 내가 보였다.

이건 무슨 영적인 경험이 아니다. 그저 눈감은 내가 눈감은 나를 떠올리는데, 생각을 너무나 많이 하고 있었다.

애 어쩌면 좋니,라는 생각도 들고. 그러자 생각이 가볍게 느껴졌다.

어차피 피한다고 피해지지도 않아.

생각하니 생각이, 하찮았다.

그래서 그 생각들에 머물러보았다. 밀어내지도 않고, 파고들지도 않고. 그냥 함께 있었다. 그러자 덤덤해졌다. 단 몇 분 만에 그렇게 된 건 아니고, 수십일을 반복하다 보니 되었다. 그러는 사이 용기가 생긴 건 아니고, 태연히 멀쩡해져서 엉뚱한 짓도 해볼 수 있었다. 애인과 걷던 거리를 혼자 가본다거나…… 눈물이 쏟아질 줄 알았는데 눈물이 안 나서, 울어야 하나 생각했다. 그리고 깨달았다.

생각이 목을 졸라도, 그래서 죽을 것 같아도 차분히 생각을 바라보면 생각이 물러난다. 어차피 나에게서 나온 것이니 나를 해칠 수 없다.

생각에게 말했다.

피하지 않을 거야, 너를 계속 생각할 거야.

14
물었다, 나에게

바보처럼 왜 혼자서 괴로워하는데?

걷다가 내가 물었다, 나에게.
감정이 치밀어 올랐다. 가만 보니 분노였다. 처음엔 어떤 사람에 대한 분노였고, 그 다음은 나에 대한 분노였다.
나 그냥 행복하면 안 돼?
내가 내 행복을 막고 있다고 생각한 걸까? 어? 어쩌면 정말 막았을 수도 있겠어.

무턱대고 슬펐고 무턱대고 괴로웠던 시간이 원망스러웠다.

변하고 있는 걸까?

마음을 들여다보고 또 들여다보았다.

15
문득 떠오르는 생각

 생각은 늘 함께 있다. 어떤 생각들은 나를 아프게 한다.
 떨쳐 내려고 해도 끈질기게 붙어 있다.
 그런데 노트에 하나하나 적어보면 놀랍게도, 늘 하는 생각을 한다. 엄청 많은 생각들이 나를 괴롭히는 게 아니다.
 마주하고 보면 의외로 담담해지고, 생각 따위에 휘둘리지 않겠다는 다짐도 할 수 있다. 내 마법의 주문은 '과거는 지나갔고 미래는 오지 않았다'이다. 현재에 집중하면, 고민하기보다 지금 이 순간 무엇을 해야 하는지 생각하게 된다. 생각이 바뀐다.

그런데 문득 뜬금없이 떠오르는 생각이 있다.
도대체 이 생각이 갑자기? 왜?

명상을 하다가 "그래, 미안하다. 엄마가 사과하마"라고 엄마가 나에게 말했던 게 떠오른 적이 있다. 시간이 지나갔는데 그때 그 일이 나에게 남아 있던 걸까? 그 기억과 그때의 감정을 다시 느끼면서 나는 너무나도 후회하고 있다는 걸 알았다. 엄마에게 기어코 사과를 받아 내고야 말았던 나를, 그런 내 모습을 싫어하고 있었다는 것도. 그래서 밀어 두었을까. 찾기 어려운 곳에.
부정하고 싶은 내 모습.
내 안에 이런 것들이 많을까?

그날, 그 기억이 떠오른 기적에 감사하였다. 사랑하는 엄마에게 전화를 걸어 안부를 묻고 별 의미 없는 대화를 나누었다. 엄마도 모르는 사이, 엄마도 엄마 안의 어딘가에 그때의 기억을 밀어 두었을까? 만약 그렇다면 나는 괴로울 것 같다.

명상을 하며 어떤 사람이 되어야 할지 깨닫는다. 내

가 무심코 다른 사람에게 준 상처들이 하나하나 찾아와 그때의 일을 읽어준다. 그러니 겸손은 최소한의 사과다. 나만 위로 받고, 나만 편안해지려고 명상을 하는 게 아니다.

요즘 나는 나에게 기록된 삶을 돌아보고 있다.

16

사랑이라고 말하면
사랑으로 만들어진 사람들이 다가온다

아침 명상을 하는데 '사랑'이란 단어가 떠올랐다. 그리고 그 순간의 감정은 좋다,였다.

사랑한다고 말해보자. 하지만 쑥스럽잖아.

그래서 사랑하는 순간들을 혼자 말했다.

"달리기 하려고 모인 친구들에게 사랑에 빠졌어요."
"햇살로 가득 찬 거실의 풍경이 사랑스러워요."
"저는 떡볶이 특히 어묵과 떡을 입에 넣고 동시에 씹는 순간을 사랑해요.
"아빠 사랑해요,라고 혼잣말을 해보았어요."

"거울에 비친 제 모습이 사랑스러워서 깜짝 놀랐답니다."

이런 말들을 내가 나에게. 그렇게 조금씩 사람들에게.
놀랍게도 기적이 일어났는데, 새로 사귀는 친구들 모두가 그런 말을 자주 하는 사람들이었고, 어느 순간 그런 사람들로 삶이 채워졌다. '사랑'이란 단어 속에서 살게 된 것이다.

매일 사랑한다는 말을 듣고 말하고,
충만함이 피부의 미세한 결 속으로 스며들었다.

17
고요를 믿어야 해

"명상이 좋아."
 친한 누나를 만나서 말했다.
"명상을 하면 어떻게 되는 거야?"
 나는…… 딱히 어떻게 되는 건 없어, 라고 말했는데, 누나도 명상을 하면 좋을 것 같아서 다른 대답도 떠올려보았다. 그런데 해줄 말이 없었다. 나는 여전히 힘들고 여전히 약하고 여전히 바보 같고 여전히 나를 함부로 대한다.

"앉아서 눈을 감기만 해도 고요해져. 고요해지면 천천히 생각을 바라볼 수 있어. 감정에 겁박 당하지 않고! 하지만 아닐 때도 많아."

누나는 '그래서?'라는 표정을 지었다. 그때의 나는 더 말해줄 수 있는 게 없었다. 그럼에도 막연히 확신하고 있었다. 변화가 고요에서 시작된다는 것.

'믿어야 해, 고요의 순간을.'
혼잣말을 하고, 누나에겐 이렇게 말했다.

"앉아만 있어. 눈을 감고, 잠시 그렇게 있어."

누나는 웃으며 눈을 감았다. 눈을 뜰 때도 웃었다. 오후 7시, 해가 길어져서 밝은 저녁에.

18

눈을 떴을 때

눈을 감으면 눈은 보지 못한다. 눈이 보지 않을 때 의식은 집중된다.

나에게.

눈을 감는 것만으로도 다른 감각 속에 있게 된다.

명상이라고 하면 어렵게 느껴지지만

눈을 감고 가만히 있는다고 하면 아주 쉽다.

눈으로 보는 것은 바깥의 것들이고, 의식으로 느끼는 것은 내 안의 것들이다.

바깥과 나는 연결되어 있다.

우리는 가끔, 위로해줄 사람을 찾는다. 나도 그렇다. 그런데 위로를 받아도 여전히 공허할 때가 많다.
내가 나를 위로해주지 않았기 때문에.
몰랐어. 이렇게 해야 하는 건지. 해도 되는 건지. 어떻게 해야 하는 건지.

그저 내 안을 바라봐 주는 것만으로도 괜찮아진다는 걸, 눈을 감고서야 깨달았다.

세계의 일부인 나를 느끼고, 내 삶을 온전히 내 것으로 만드는 의지를 발견할 때
아무도 내 옆에 있어주지 않을지도 모른다는 두려움은 사라진다.

감았던 눈을 뜨면 빛 속에서 세상의 윤곽이 분명해진다. 내가 이 세상과 연결되어 있다는 것을 거듭 강하게, 안다.
혼자 있다고 해서 혼자가 아니라는 것도.

19

자신을 사랑한다는 감각

　명상을 시작하고 나만의 명상 방식을 찾아가다 보니, 굳이 아침에 한 번만 할 필요도 없고, 길게 시간을 들여서 해야 하는 것도 아니었다.

　낮에 빛이 좋아서 건조대에 널어둔 빨래 생각을 하며 흐뭇해하다가 회사 주차장 의자에 앉았다. 사람들이 쳐다보는 건 상관없었다. 습관처럼, 정말로 순전히 습관처럼 눈을 감고 앉았는데, 내가 지금 여기서 뭐하는 거지,라는 생각이 들면서, 아, 내가 지금 여기에 있구나,라고 인식하게 되었다. 비록 짧은 시간이지만, 하고 있던 일도 잊고, 내가 나라는 것도 잊고(이것마저 잊어도 되는지 모르지만, 잊고), 그냥 그 시간 거기 앉아 있다는 것만 오로지 간직했다. 온전히 내가 되는 느낌이 들었다. 나를 찾으려고, 그게 뭔지도 모르면서 정신 없이 이십대와 삼십대와 사십대의 절반을 보냈는데 이제껏 아무것도 못 찾다가, 뜬금없이 회사 주차장에서 발견한 것이다, 나를. 잠깐 눈 감고 앉아 있다가.

  보물찾기에서 보물을 찾으면 기분이 좋은 것처럼, 매우 기분이 좋았다. 내가 보물 같았다.

  자신을 사랑하라는 말을 정말 많이 들었는데, 그 감각을 공감해본 적은 없다. 하지만 그 순간엔 알았다. 나를 사랑하는 것은 나를 찾는 것이다.
  어렵게 찾은 '나'는 온전히 아름답고 귀했다.
  놓치고 싶지 않았다.

20
흘려 보내는 것

살고자 할 때 몸과 마음은 나에게 어떤 것이 필요한지 알려준다. 그것을 들으려면 일단 가만히 앉아야 하고. ('나'는 몸도 아니고 마음도 아니다. 하지만 지금 중요한 이야기는 아니다.)

요가를 다시 시작했다. 그래야 할 것 같아서.

괴로울 때 마음은 자꾸 바깥으로 멀리 가려고만 한다. 그러면 내 안은 공허해지고.

요가 강좌를 찾다가 '뿌리에 대해 생각하기'라는 이름의 수업을 발견했다. 나를 단단히 뿌리내리게 하는 힘에 대해 수련한다고 적혀 있었다. 이 책 어딘가에 자세히 적을 것이긴 한데, 몸과 마음의 중심을 잡는 것과 삶에 단단히 뿌리내리며 살아가는 것은 관련이 있다. 몸의 균형 감각만으로는 바로 설 수 없으니까. 마음의 균형 감각을 함께 단련해야 한다. '감각'이라고 적었지만 정확한 표현은 근력이다. 균형을 잡기 위한 몸의 근력, 마음의 근력.

그러니까 내가 어느 날 갑자기 주저앉은 건, 두 근력이 다 부족했기 때문이다.

단단하게 뿌리내리고 서있었다면, 흔들리다가도 균형을 잡았겠지.

본격적인 요가 동작을 시작하기 앞서 요가 선생님의 목소리에 따라 자리에 앉아서 눈을 감았다. 명상이었다. 낯선 사람들 속에서 잘 될까, 부끄럽진 않을까, 걱정했다. 선생님이 이야기하셨다. "생각이 찾아오면 흘려 보내세요." 그 말을 듣고 그 말을 생각하느라 다른 생각은 다가오지 않았다. 집에서 혼자 명상을 할 때마다 여러 생각들, 감정들이 찾아오면, 특히 불길한 생각과 감정, 그것들을 어떻게 다뤄야 하는지 몰랐다. 그날 이후로는 흘려 보낸다. 명상을 할 때도 그렇고, 일상 속에서 문득 나쁜 기억들이 떠오르면 흘려 보낸다. 거부하려고 애쓰기보다, 자연스럽게 받아들이고 나를 지나서 가도록 둔다. 잘 될 때도 있지만 안 될 때가 훨씬 많다. 상관없다. 할 수 있는 한, 흘려 보낸다. 지나가거나 가지 않는 것에 집중하기보다, 흘려 보내는 것 자체에 집중한다.

그날 모든 동작이 잘 됐지만 몇몇 부분에선 막히는 기분이 들었다. 그런 기분 역시, 흘려 보냈다. 흘려 보내니 몸과 마음이 열린 창같이 느껴졌다.

그래, 새들이 들어오고 새들이 나가듯, 그렇게 지나간 거야.

뭐가?

나를 아프게 했던 일들 말이야.

나는, 나를 설득하고 있었다.

이제 그만 흘려 보내도 되지 않겠냐고.

21

호흡에 집중하세요

　차 안이었고 운전 중이었고, 아픈 기억이 남아 있는 동네를 지날 때였다. 갑자기 숨이 쉬어지지 않았다. 부정적인 감정이 목을 졸랐다. 아, 이렇게 죽는구나.

　"괴로울 때, 흥분될 때, 그래서 못 견딜 것 같은 순간엔 호흡에 집중하세요. 눈을 감고 1분이라도. 코로 공기가 들어가고 나가는 과정을 느끼세요." 요가 선생님이 해준 말이 떠올랐다.

　신호 대기에 서서,
　운전대에서 손을 내리고
　코로 숨이 들어가고, 나오고, 다시 들어가고, 나오고,
　10초 정도, 호흡에 집중했다.

잘 하려고 노력하지 않고, 그저 들어가고 나오고.

편안해졌다.
빛이 이마를 만졌다.
호흡에 집중하는 사이 생각들이 지워졌다. 부정적인 감정도.

하지만 상태를 의식하자 다시 부정적인 감정이 몰려들었다. 한번 더 호흡에 집중해보았다.

천천히 들이마시고
천천히 내보내고
숨이 코를 지나 몸 어디로, 어디까지 갈 수 있는지 느끼면서.
눈과 심장, 멀리 뇌와 손가락까지
그리고 다리
몸 전체에 산소가 닿는 느낌. 다시 모든 게 괜찮아졌다. 용기도 생겼다. 용기라니!

그날 이후, 삶 속에서 서서히, 호흡에 집중하는 순간을 늘려가기 시작했다.

22
명상에 대한 오해

'뿌리에 대해 생각하기' 요가 수업은 항상 명상으로 시작되었다.

수련이 끝나고 한 학생이 선생님에게 물었다.

"명상 중에 좋은 아이디어가 떠올랐는데 어떡해야 하나요? 명상 중이니까 명상에 집중해야 하나요? 아니면 그 아이디어를 계속 생각해도 되나요?"

어, 그러네. 나도 궁금했다. 어떡해야 하지? 필요할 땐 찾아오지 않던 아이디어가 명상 중에 문득 떠오른다면?

선생님이 당황한 표정을 지었다.

"네? 좋은 아이디어가 떠올랐으면 그 생각을 해야죠. 명상보다 그게 더 중요한 거 아니에요?"

듣고 나니 당연했다. 명상은 언제든 하면 된다.

명상을 뭐라고 생각한 걸까?

명상은 현재에 머물기 위한 과정에 불과하다. 그 자체가 목적이 아니라.

23

한번 적어볼래요?

'뿌리에 대해 생각하기' 요가 수업은 항상 차담으로 끝이 났다. 모여 앉아서 차를 마시며 이야기를 나눴다.

"여러분의 지금 마음에 대해 적어볼래요? 충분히 시간을 드릴게요."
"저는 못해요."
말했다.
아직 마음을 들여다볼 준비가 되지 않았다. 상처들을 마구 처박아 놓아서……
하지만 언젠가는 꺼내서 정리해야 한다.

용기를 내어 마음속에 있는 것들을 꺼내 종이 위에 올려두었다. 꺼이꺼이 울면서. 그땐 그렇게 눈물이 났다.

처음엔 그저 한 사람이 떠나갔다. 어느 순간 그것은 중요하지 않았다. 나는 알고 싶었다. 왜 속절 없이 아픈지. 삶이 온통 아픈 일들의 연속이라면 어떻게 견뎌야 하는지.
어디로 도망가야 하는지.

아무도 대답해줄 수 없다. 하지만 그날 한 글자 한 글자 적는 게 두려워했던 것보다 괴롭지는 않았다. 외면했던 기억들이었는데 꺼내 놓고 나니 받아들일 수 있었고 흘려 보낼 수도 있었다. 마음의 근육이 생긴 건가, 아니면 이제 놓아줄 때가 된 건가.
굳이 아픈 기억들을 붙들고 있으려고 한 건 아니다. 보내주는 방법을 몰랐을 뿐.

밤에 꿈을 꾸었는데 흐르고 또 흐르는 물 위에 종이 비행기가 멀리 어딘가로 가고 있었다. 흘러서 또 흘러서.

꿈을 꾸면서 꿈을 꾸는 게 느껴졌고 안 깨려고 계속 잤다.

요즘도 자주 그 꿈의 이미지를 생각한다. 흘러서 또 흘러서 가는 모습을.

24
이런 날

명상이 잘 되지 않았다. 집중할 수 없었고 불쑥 낯선 감정이 솟아올랐다.

이런 날도 있는 것이다. 머무르지 않고 흘려 보내야지.

눈을 떴을 때 보이는 풍경은 여느 날과 마찬가지로 생경하다. 세계의 윤곽이 서서히 분명해지는 그 몇 초는 다행히 변함없이 편안하다.

그러니 괜찮은 것이 여전하다는 사실에 감사할 뿐.

25
지나갔어

 괜찮다가도 안 괜찮았다. 잠시 좋았다가 다시 안 좋았다. 어떤 날은 종일 행복하고 어떤 날은 종일 괴로웠고, 그런 날이 며칠 이어졌다.
 명상은 계속했다. 낮에 일을 하다가도 바깥으로 나가 의자에 앉아 눈을 감았다. 회사 옆에 공원이 있어서 도움이 됐다. 그런데 굳이 그곳이 아니더라도, 앉아서 눈을 감으면 어디든 공원이 되었다. 명상의 힘이 대단하다는 걸 느끼고 있었다. 하지만 언제나 생각했다. 그저 눈을 감고 앉아 있을 뿐이야. 별다른 건 없어. 대단한 일을 하고 있다는 느낌을 갖지 않으려고 애썼다. 그 감정이 어떤 건지는 모르겠다. 지하철을 타고 갈 때도, 카페에서 커피를 주문하고 기다리는 2~3분의 시간에도 눈을 감고 앉아 호흡에 집중했다. 눈두덩으로 빛이 닿는 감각이 느껴졌다. 나는 거기 있었다. 명확하고 선명하게.

지나갔잖아. 우성아. 너는 과거에 있는 게 아니라 지금 여기에 있어.

나에게 말했다. 하루에도 몇 번씩 말했다. 며칠을 몇 날을 그렇게 말했다. 그리고 서서히 받아들이게 되었다. 지나갔다는 걸.

26
용감하게 달려서 사람들 속으로

하루는 소처럼 울면서 친구 두 명에게—한 명은 요가 선생님이고 다른 한 명은 같이 요가 하는 친구다—왜 나에게 이런 일이 생긴 걸까,라고 물었다.

"기부도 하고, 사람들에게 미움 받을 짓도 하지 않았고, 좋은 마음을 가지고 살았어요. 그런데 왜 저에게 이런 일이 생겼을까요?"

요가 선생님이 말했다.

"음, 그런데 이런 시간들이 우성 님 삶에 큰 변화를 일으킬 것 같아요. 좋은 방향으로요. 우성 님은 나아지고 있고, 훨씬 더 강한 사람이 되었잖아요."

위로가 되는 말이었다.

"좋은 일이 오려고 하는 거예요."
다른 친구가 말했다. 역시 위로가 되었다.
털어놓을 친구가 있다는 것만으로도, 좋았다.
내가 말했다. "저를 힘들게 한 게 사람인데, 행복하게 하는 것도 사람이에요. 요즘 저는, 저에게 말해요. 용감하게 달려서 사람들 속으로 들어가라고."

혼자 방 안에서 나오지 않던 날들도 있었다. 어쩌면 그건 꽤 안정적인 선택이었을 것이다. 사람들을 만나면 다시 상처 받을 수도 있으니까. 하지만 두려워해선 안 된다. 방 안이 우리 세계의 전부가 아니다. 기꺼이 문을 박차고 사람들 속에 있는 나를 발견해야 한다.
그리고 나는, 아니 우리는, 원래 거기 있었다.

27
왜 용서하려고 해?

 명상 일기를 쓰다가 이런 문장을 적었다. 의식하고 적었다기보다, 그냥 그렇게 적혔다.

 '이제 그 사람을 이해할 수 있게 되었어.'

 그런데 이 문장을 여기 옮겨 적으며, 나는 원래 하려던 이야기는 이게 아닌데, 갑자기 저 문장에 이어서 적고 싶어졌다.

 '살려고 그런 거야. 그 사람이 자신을 살리려고 그렇게 한 거야. 그러니까 미워하지 않아도 돼.'

28

나한테 왜 그랬어요?

명상할 때 가장 자주 떠오른 질문.

그 사람이 나한테 왜 그랬을까?

그래, 그럴 수 있었을 거야, 혼잣말하며 눈을 뜨곤 했다.

나는 이 질문의 답을 너무 알고 싶어서 책도 찾아보고 똑똑한 사람을 만나 물어보기도 했다. 가까스로 답을 알게 되었는데, 간단해서 허무하고 납득이 갔다.

(부연할 내용이 많지만 축약하면)

살려고.

그 사람은 살기 위한 결정을 한 것이다. 그에겐 어떻게 살고 싶은가에 대한 이상이 있었고, 그걸 실현하기 위해 그렇게 한 것이다. 그건 본능이고, 그래서 나는 그 사람을 이해하게 되었다.

산다는 건 중요하니까.

받아들이고 나니 홀가분했다.

그리고 한 가지 더 깨달은 것은,

그 사람이 나에게 왜 그랬을까? 궁금해하는 게 더 이상 중요하지 않다는 사실이었다.

그건 그 사람의 삶이지, 내 삶이 아니다.

그 사람의 삶이 나에게 영향을 미친 것은 사실이지만, 그것을 거부할지 말지는 나에게 달려 있다. 내 삶은 내 것이니까.

그래서 나는 질문을 다짐으로 바꾸었다.

나는 내 삶을 안고 앞으로 나아가겠어!

29
혹시 괜찮아진 걸까?

며칠 화가 났다.

화나기 전에 억울한 게 먼저였고 그 다음에 화가 났고, 그 다음엔 두 가지가 동시에.

화도 나고 억울하기도 하고.

그런데 그게 나쁘지 않았다. 나에게 일어난 일의 정체나 속성을 잘 모르고, 그러니까 온통 혼란스럽고 이해가 되지 않을 때보다 마음이 편했다. 억울하고 화나는 건, 훨씬 명징한 감정이었다.

나 화났어. 계속 화낼 거야.

다짐하듯이 말하고 더 많이 화낼 각오를 하면서 지내다 보니, 내가 정말 화가 났나, 내가 정말 억울한가, 잘 모르겠더라고.

혹시 이제 괜찮아진 걸까……?

마법 같은 질문이었다. 하루에 수십, 수백 번 '아니'라고 말하다가, 문득 '어, 정말? 조금은 괜찮아진 거 같은데?'라고 말할 수 있게 됐다.
괜찮아진 걸 수도 있잖아?
사실이 무엇인지가 중요하지 않았다. 괜찮아진 걸 수도 있어,라고 말하면 정말로 괜찮았다. 인간의 뇌가 원래 잘 속는 건지, 아니면 내가 특별히 잘 속은 건지 모르지만,

혹시 괜찮아진 걸까?라고 물으면 확실하게 무슨 일이 생기긴 한다. 이 즈음이 나에겐 확실히 변화의 시기였다. '괜찮아진 걸까?'라고 물을 수 있게 되기까지 너무나 힘들었다. 질문을 하고 나니 한 가지가 명확해졌다.

괜찮아지고 싶다.
그래서 나는 괜찮아지는 걸 선택하기로 했다

30
나로 인해 상처 받은 사람들을 위해 기도하기

　아침에 거실에서 명상을 하고, 멍하니 그 자세로 머물러 있었다.
　테이블 위의 꽃병과 노트와 펜, 커버 디자인이 마음에 들어서 올려둔 3권의 책.
　예뻐서 사진을 찍었다.
　그 순간의 모든 것이 좋았다.
　그러다 문득 이런 생각이 들었다. 내가 괜찮아도 되는 걸까?
　힘든 시간을 보내며 가장 이해하기 어려웠던 건
　나는 상처를 받았고, 나에게 상처를 준 사람들은 너무 잘 살고 있다는 거였다.

마음을 단련하면서 나는 그들을 이해하게 되었다.

그들과는 상관 없는, 나 혼자의 과정이었다.

그런데 어쩌면 나 역시, 의식하지 못하는 사이 다른 사람에게 상처를 주었을 수도 있고, 상처를 주었다는 걸 내가 알고 있는 것도 있으며, 그중 몇 가지는 여전히 당사자를 괴롭히고 있을 것 같았다. 이 생각을 하니 괴로웠다.

내가 겪고 있는 고통을 나로 인해 다른 사람도 겪을 수 있구나.

우주의 어딘가에서, 너무나 많은 존재가 그럴 수도 있겠구나.

그래서 나는 그들을 위해 기도하기로 결심했다. 명상의 끝엔, 언제나 그들을 위한 기도.

용서하세요. 나로 인해 상처 받은 사람들이 부디 평화를 찾기 바라요.

마음이 편안해지는 순간마다 늘, 기도했다. 나만 행복하면 안 되는 거니까. 절대로.

내가 괴로워져서 그들이 편안해질 수 있디면, 기꺼이 그렇게 하겠다고.

명상하고 달리고 쓰기

31
나를 힘들게 하는 생각들마저 사랑할 거야

사랑,이라고 반복해서 발음하면 정말로 모든 게,
아니야 모든 것은 아니야, 아무튼 많은 것이 사랑스럽게 보인다. 이건 마법 같은 사실이다.
침실에서 일어나 거실로 나오면 사랑이 가득 차 있다.
빛과 사물, 그리고 이야기.
새로 산 테이블의 상판은 동그랗고 노란색인데, 나는 거실에 태양을 두고 싶어서 그것을 골랐다. 그래서 나는 저 테이블과 테이블을 산 이야기까지 사랑한다. 사람을 사랑할 때도 마찬가지지만, 무엇이든 그것을 사랑하게 되면 그 대상이 '레이어'를 갖는다. 그러니 어떤 것을 사랑할 때 그것에 갖게 되는 감정 역시 깊어진다. 한 겹 한 겹 가슴으로 안게 되니까. 사랑은 본질적으로 마음에 다가가는 행위다.

사랑이 충만할 때 부정적인 감정이 머물 곳은 없다. 사랑은 강력하고 거대한 힘.

이 책의 마지막 장에 적을 이야기이긴 한데, 여기서 잠깐 내비치자면
명상이 깊어지고, 생각이 고요히 가라앉으면
사랑이 몸과 마음을 감싼다.

믿지 않을 수도 있지만,
이건 아무렇지 않게 일어나는, 일상적인 현상이다.
느끼지 못할 뿐,
빛이 이마를 간지럽히고 손등에 앉아 온기를 전하는 것처럼 매일 일어나는 일이다.

이 사실을 깨닫고, 나는 사랑해버렸다. 나를 힘들게 하는 생각들마저. 그리고 매일 기도하였다. 빛이 그들을 감싸기를.
결국 나를 위한 기도였다.

32
모든 것을 사랑할 필요는 없으니까

애인이 있었는데, 나를 떠났다. 그냥 떠난 게 아니라, 상처를 폭우처럼 퍼붓고.
그러니까 그 일이 내가 명상을 하는 계기가 되었는데, 그 사람을 용서하고 이해하고 사랑할 수 있을까?

지금 와서 돌아보니 용서는 언제든 할 수 있었다. 천 번도 할 수 있었다. 용서하고 나면, 그러고 나면 그땐 어떤 마음을 가져야 하는지, 갖게 되는지, 몰랐고, 두려웠다. 그래서 기를 쓰고 증오했다. 증오라고 해봐야, 미워하는 게 전부인데, 미워하는 것도 온전하게 하지 못했다. 애인이었으니까.

이해하는 데는 시간이 꽤 걸렸다. 문제를 나에게서 찾았기 때문에, 내가 무엇이 문제인지 모르는 모순에 빠진 것이다. 다행히 명상을 하며 답을 찾았다. 앞의 글에서도 적었듯, 그 사람도 살려고 그런 것이다.

나는 살려고 붙들었고, 그 사람은 살려고 떠났으니, 모두 각자 방식으로 산 거였다. 받아들이고 나니 괜찮아졌다. 그리운가, 싶던 날도 있었으나, 의식을 현재로 갖고 와서, 지금 여기에서의 나를 생각하니, 모든 것은 앞으로 가는 과정이었다.

과거에 있고 싶지 않았다.

그런데 한 명의 인간으로서 사랑은, 못할 것 같았다. "사랑 안 해도 돼요. 굳이 사랑까지 해야 돼요? 용서하고 이해했으면 됐지." 요가 선생님이 말했다.

음악을 들으며 글을 쓰던 밤, 이상하게 마음이 여유롭고 편해지면서 그 사람을 사랑하게 되었다. 잠시였지만. 그 사람의 삶을 깊이 이해하고, 행복하기를 바라고, 한 존재로서 온전하기를 기도했다. 굳이 그러려고 한 것이 아니고, 마음이 스스로 흘러 그렇게 했다. 애당초 내가 의지로 할 수 있는 일이 아니었던 것이다.

명상하고 달리고 쓰기

그랬더니, 함께 지낸 시간이 아름답고 감사했다. 순간도 귀한데, 지금까지 살아온 인생에서 긴 시간 연인이었으니, 그대로 나의 우주였던 것. 행복했으니 얼마나 감사한가.

이 모든 것들을 마음이 스스로 흘러 알게 해주었다.

사랑은 나를 위해 하는 거야.
그러니까 사랑할 수 있겠냐는 질문은, 나를 위해 내가 사랑할 수 있겠냐는 질문이다.

그렇지만 모든 것은 아니야…… 모든 것일 필요가 없으니까.
그저 한 명을 더 사랑하면 되는 거지.

할 수 있어.

33
잠시 가만히

 아침에 눈을 뜨면 방으로 들어오는 빛을 보다가, 일어나서 침구를 정리하고 부엌으로 나와 물을 마신다. 그러고 나서 잠깐 앉아 눈을 감고 있는다. 10분 정도. 바쁠 땐 2~3분. 그것만으로 충분하다.

 눈을 감고 뭐하는 건데? 종종 친구들이 묻는다. 밤새 희미해진 나의 윤곽을 서서히 되찾는다고 말한다. 말은 어렵지만 간단하다. 내가 여기에 있다는 것을 느끼면 된다. 그 와중에 문득 어떤 감정이 찾아오고 생각이 떠오른다. 그걸 자연스럽게 받아들이거나 흘려 보내거나. 그러는 사이 명상이 끝난다. 뭐야? 정말 그게 다야? 그게 무슨 도움이 되는데? 종종 이렇게 묻는다. 나는 대답한다. 뭘 더 해야 해? 얼마나 대단해야 해?

대단할 필요도 없고 대단하지 않을 필요도 없다.

내가 여기 있다고 느끼는 것만으로 충분하니까. 그렇게 하루 이틀 지나가면 변화가 일어난다고 적고 싶은데 아닐 수도 있다. 역시 중요한 건 그게 아니다.

명상의 시작은, 아무렇지 않은 걸 하고 아무렇지 않게 받아들이는 것. 그냥 잠시, 가만히, 멈추는.

34
집중하고 잊기

순간을 느끼세요

입고 있는 옷, 앉아 있는 의자, 노트북을 두드리는 손가락, 직전의 호흡과 시선이 멈춘 곳…… 무엇인가를 잊으려고 노력하지 않아도, 지금 여기에 집중하면 서서히, 잘, 여기에 있게 된다.

나를 여기에 두고 다른 것을 떠올리며 아파할 이유가 없다.

35

나에게 집중한다는 건 뭘까?

 명상을 하면서, 나에게 집중한다는 것이 무엇인지 알게 되었다.
 '생각' 혹은 '기억'(심지어 기억은 과거의 것이다!)을 나와 분리시키는 것이다.
 생각이 나를 지배해선 안된다. 그것은 내가 아니다. 기억 역시 마찬가지다.
 그렇다고 생각과 기억을 몰아내려고 노력할 필요는 없다. 그저 현재의 나를 느끼면, 자연스럽게 사라진다.
 마법은 그때 일어난다.

나에게 집중할수록, 다른 사람이 나에게 어떻게 했는지는 중요하지 않다. 그건 그들의 일일 뿐이다. 이런 사실을 받아들이고 나니, 도대체 그 사람이 왜 나에게 상처를 주었는지 고민하지 않아도 되었고, 그 사람을 떠올리며 고통받지 않아도 되었다. 한 인간이 성숙해진다는 것은 의연해지는 것이다.

나에게 집중할수록 차분하게 돌아볼 마음의 공간이 생긴다.

슬퍼하고 좌절하는 것은 도움이 되지 않는다. 마음이 슬픔과 좌절로 가득 차면 아무것도 할 수 없다. 좌절은 좌절 속에 있으니까.

가라앉히면, 서서히 비워진다. 그 공간으로 행복이 들어온다.

36
다시 눈을 떴을 때

　우리는 부득이하게, 우리를 둘러싼 것들과 함께 산다. 그것은 우리에게 좋은 영향을 미치기도 하고 나쁜 영향을 미치기도 한다. 중요한 건 영향을 미친다는 것. 눈을 감고 가만히 있으면 잠시 그것에서 분리된다.

　다시 눈을 뜨면 세상이 새롭게 보인다.

　붉은 것은 새삼 붉고, 나무는 새삼 설레고, 건물의 윤곽은 새삼 구체적이다.

　우리는, 우리를 둘러싼 것들 속에서 살아가는 동안 선입견을 갖게 되는데, 붉은 것은 그렇게 붉고, 나무는 그렇게 설레고, 건물의 윤곽은 그렇게 구체적이다.

하늘이 파란 것은 하늘이 파랗다고 느끼기 때문인 것과 비슷하다.

  잠시 그것들과 단절되었다가 연결되는 짧은 순간, 그러니까 다시 눈을 뜨고 처음 바라보는 것들은 '새삼' 그러하다. 붉은색이었구나, 설레었구나, 구체적이었구나.

  그러는 사이 나에 대해서도 '새삼' 알게 된다. 아팠구나, 미워했구나, 견뎠구나…… 이 감정들이 당연한 게 아닌데 '그렇게' 받아들이고 지냈다.

  그래서 미안했어, 나에게.

  깨닫고 나니 스스로를 사랑한다는 게 무엇인지 새삼 알 것 같았다. 나를 이해해줄 사람을 찾아 헤맸으면서 정작 내가 나를 이해하지 못했다는 거, 그걸 알아채는 거.

37

평화가 찾아왔어요?

인스타그램에 매일 명상 일기를 썼다. DM으로 친한 동생이 물었다.

오빠, 오빠에겐 평화가 찾아왔어요?

이 질문을 나도 나에게 종종 한다. 하루에 세 번쯤 행복하고 열 번쯤 좌절하고 음…… 네다섯 번쯤 괴로운데…… 뭐라고 대답하지?

무너질 만큼 힘들진 않아,라고 대답하는 게 제일 나을 것 같았다. 그 정도가 솔직하고 온전한 설명 같아서.

하지만 답장을 못 보냈다. 아직 확신할 수 없는 게 많아서.

평화가 찾아왔을까, 한동안 나는 계속 물었다. 그러다가 질문을 바꾸어보았다.

평화가 뭘까?

순식간에 답할 수 있었다.

나에게 평화는 내가 나를 안고 앞으로 나아가려는 의지. 주어가 분명히 '나'여야 한다. 나에겐 앞으로 나아갈 의지가 충만하고 이제, 그럴 힘도 있다.

동생이 이 글을 읽으면 좋겠다.

나는 나의 평화를 찾았어.

너에겐 평화가 뭐야? 너의 평화를 찾아.

달리기
행복으로 가까이 가기

다시 달리기를 시작했습니다.
용감하게 바깥으로 나가
내가 여기에 있다고 말해주고 싶었습니다.

1
사실은 머무는 거였어

임보미는 이 책의 전반부에 등장하는 요가 선생님이다. 나에게 가만히 머무는 법을 알려주었다.

어느 날 임보미와 달리기를 했다. 친구 몇 명이 더 있었다. 비슷한 페이스로 같이 달리는 와중이었는데, 갑자기 임보미가 혼자 질주해서 저 앞, 저기 보이지도 않게 멀리 가버렸다. 웃음으로 추정되는 이상한 소리를 내며. 연남동, 피어싱한 이십 대 소년 둘이 바지를 끌며 걷다가, 사라지는 낯선 사람을 쳐다보았다.

우리는 2분쯤 뒤에 신호등 앞에서 다시 만났다. "기분 엄청 좋지 않아요?" 그녀가 말했다. 녹색 불빛이 켜지자 그녀는 다시 질주하기 시작했다. '이 사람 왜 이래?' 잠깐 생각하고 있는데 갑자기 친구들도 탈옥하는 죄수들처럼 전력으로, 진심을 다해, 각자의 '달리기' 속으로 사라졌다. 우리의 페이스는?

  나는 그 모습을 보았다. 한참. 그러다 문득, 왜 이러고 있지, 혼잣말했다. 그리고 나도 웃음 비슷한 소리를 내며 달렸다. 온 마음을 다해 흩어지려고. 그것이 그 순간 내가 나로서 가만히 머무는 방법이었다.

2
달리기를 할 수가 있다

달리기를 했다.

목적과 의지를 찾지 못해 멈추었는데 문득 다시 달리기를 할 수가 있었다.

그래서 매일 달렸다. 어떤 날은 한참 걷기만 하다가 힘이 남아서 전력질주했다. 심장이 깨질 것 같았는데 괜찮았다.

달리기를 하면 기분이 좋아진다. 그러니까 일단 다시 달릴 마음이 생기고 밖으로 나갈 수만 있다면 언제든 조금은 나아질 수 있다. 빨리 달릴 필요도 없고,

걷기와 뛰기를 반복해도 된다.

왜 문득 달릴 수 있게 된 것일까?
오랜 시간 달리기를 했는데 갑자기 멈추어 멍하니, 계속 그렇게 있으니 몸이 이상하다고 느낀 걸까? 그래서 내면의 소리에 귀 기울이던 가을 어느 선선한 저녁, 바람이 피부에 닿고 마음을 만지던, 그 순간 나는 달리기가 많이 하고 싶었다.
하고 싶은 걸 하러 가는 건 자연스럽고 행복한 일이지.

몸과 마음이 흘러가도록 두면, 망설임이나 두려움이 사라지고 스스로 회복할 용기가 생길까?
'달리기가 이끌고 가는 대로 가보자'
그날 책꽂이 구석에서 커버에 빈 말풍선이 그려진 노트를 꺼내 적고 또 적었다.

3
달리기의 의미

한 발로 서기, 그리고 빠르게 다른 발로 서기.
결국 달리기는 한 발로 서며 앞으로 나아가는 것.
몸이 좌우로 흔들리는데, 팔을 앞뒤로 움직이며 균형을 잡는 것.

더 이상 멍하니 서서 체념하지 않을 거고, 불안한 감정에 침몰하지 않을 거란 의지를 심장과 근육과 의식에 강하게 전하는 것.
한걸음 한걸음, 직전의 나보다 나아지고 있다고 스스로에게 말하는 것.

4

마음, 마법

흘러가듯
조용히 혼자 천천히 달려가면
달리는 게 마치 걷는 것과 비슷해져서
힘들지도 않고 분별도 사라지고
그렇게 계속 가게 된다
빛이 머물듯이

"명상하는 것 같아" 말했더니 친구가 대답했다. "청소기를 돌리거나 설거지를 하거나 반복되는 동작을 계속 해 나가다 보면 자신도 모르는 사이 청소가 끝나 있고, 접시들이 깨끗하게 닦여 있는, 그런 느낌일까? 난 그게 마법 같다고 생각했는데."

듣고 보니 비슷했다. 고요하게 정돈된 거실, 맑은 하늘이 담긴 접시.
마음도 그렇게 되는 건 아닌지.

5
화이팅을 천 번 외치면 생기는 변화

마라톤 대회에 친구들을 응원하러 갔다.

오전 7시부터 오후 2시까지 7시간 동안 파이팅을 천 번 외친 것 같다. 아니, 이천 번, 어쩌면 삼천 번일 수도.

대회가 끝나고 응원도 끝났다.

기분이 좋았다. 좋은 상태가 계속 이어졌다. 다음 날 오전에도 기분이 좋았다. 낮에 약간 '다운'되어서 조용히 '파이팅'을 외쳤다. 친구들을 응원하던 그 마음으로, 나에게.

다시 좋아졌다.

사실 '파이팅'은…… 클리셰다. 의미 없이 주고받을 때도 많고.

하지만 수천 번을 말하면, 의미의 있음과 없음이 중요하지 않고, 온몸의 세포들이 마치 홀린 듯 정말로 파이팅을 해버린다. 말도 안 되게 굳건한 의지로! 슬픔, 낙담, 좌절, 따위는 감히 얼씬도 못 한다. 그러니까 누군가에게 파이팅을 외치는 건, 사실 스스로에게 하는 것이고, 수천 번 외치면, 듣는 사람도 말하는 사람도 파이팅을 하지 않고는 못 견딘다.

진짜로 해보니까 확실히 알겠다.

그러니까, 따라합시다.

파이팅!

6
각자의 레이스

 대회 때 하프 지점을 향해 달리다 보면 어디선가 타다다닥 소리가 들리고 왼편, 역방향 도로로 엘리트 러너들이 나타난다. 그들은 벌써 반환점을 지났다. 내가 100미터 뛰는 것보다 빠를 거 같아, 어떻게 저 속도로 계속 달리지…… 생각하는 사이 사라진다.

 우리는 우리의 레이스를 이어간다. 남은 거리가 줄어드는 것은 분명한데…… 분명하지? 각자의 경기를 끝장내러 모두 달린다.

7
재종이와 상은이의 51초

  둘은 'ㄷㄹㅈㅇ' 러닝 크루 소속이다. '소속'이라고 적으니 엄숙하게 느껴지는데 다른 단어가 뭐가 있을까? ㄷㄹㅈㅇ 친구들은 그들 스스로 러닝 크루 멤버라는 걸 잊을 만할 때마다 모여 달린다. 그들은 천천히 달린다.

  종종 이런 크루가 있다. 서로 좋아해서 만나고, 빨리 달리기보다 달린다는 느낌 자체를 사랑하는 크루. 낭만러너라고 할까?

  ㄷㄹㅈㅇ 크루 멤버 중 몇 명이 풀코스 마라톤에 참가했다. 38km 지점까지 꾸준히 달려가던 재종이는 상은이의 뒷모습을 발견한다. 2만 명이 참가한 대회에서 친구를 만나다니!

불과 서너 시간 전 스타트라인에서 함께 출발했으면서도 몇 년 만에 만난 사람처럼 이야기를 주고받았다. 물론 달리면서.

"누나, 우리 조금만 걸을까요?" 재종이 말했다. 낭만러너니까.

상은이도 고개를 끄덕였다. 둘은 걸었다. 어차피 기록을 중요하게 생각하는 친구들은 아니니까. 그렇게 걸어가다가 체력이 회복되었고 천천히 다시 뛰었다. 나란히 피니시라인에 들어섰을 때 그들의 시계엔 5시간 51초가 기록되어 있었다. 그들은 후반부 레이스에서 그 시간을 줄여보려고 노력했을 거다. 4시간 59분 59초 안에 들어오면 완전히 다른 기분이 들었을 테니까. 물론 그들은 낭만러너지만…… 그래도 51초만 빨랐더라면…… 아쉬울 수밖에 없지.

재종이 말했다. "나 때문이야. 내가 걷자고 해서. 누나는 혼자 잘 달리고 있었는데, 내가 괜히 붙잡는 바람에……"

상은이는 말했다. "아니야, 같이 판단해서 걸은 건데, 뭐." 그러나 상은이도 아쉬웠을 게 분명하다. 겨우 51초 차이지만 4시간 대 러너가 되느냐, 5시간 대 러너가 되느냐의 문제니까.

하지만 대회는 다시 열린다. 그들은 51초를 줄이기 위해 언제든 도전할 수 있다. 러닝을 그만두지만 않는 한. 그러니 계속 달린다는 건 스스로에게 기회를 주는 것. 언제든 다시 시작할 수 있는 기회.

8
힘든 것도 나고, 극복하는 것도 나야

혼자 남았다는 사실을 자각하거나, 보잘것없는 내 모습을 마주할 때, 불길한 구름이 다가오는 걸 볼 때, 현실을 받아들이는 것이 어렵다.

그래서 '어렵다'는 감정 속에 갇혀, 깊이 가라앉는다.

하지만 현실을 받아들이거나 받아들이지 않거나, 그 상황에서 할 수 있는 현명한 일은, 박차고 움직이는 것이다. 두세걸음 뒤로 물러나 상황을 잠시 보고, 다음 걸음을 어디에 두어야 할지 판단하는 것.

간단한 다짐과 함께.

힘든 것도 나고, 극복하는 것도 나야.

달리기를 은유적으로 떠올리면, 슬픔 속에 머무르는 자신을 이끌고 들판으로 나가는 것이다. 거긴 아무것도 없다. 순전히 혼자서 달려야 한다. 목적지도 모르고, 빛도 보이지 않는다. 빛을 찾아가는 게 아니라, 스스로 빛이 되는, 그것 자체가 목적인,

  용감한 극복

  그러니 현실을 받아들이기 어려울 때,
  어두운 들판으로 나가기, 망설이지 않고.
  포기하는 마음이어도 괜찮으니 한 걸음씩 내딛는 의지. 어떤 세계가 펼쳐질지 아직 모르니까.

9
망설이지 않는 법

한다.
분별하지 않고.

10
망설이던 문 앞으로

    아파트 지하로 내려가 주차장으로 연결된 유리문을 열려고, 양손에 나눠 들고 있던 러닝복과 러닝화를 한 손으로 옮기는데 문이 그냥 열렸다.
    자동문이었어.
    매일 오가면서도 자동문이라는 걸 새삼 알다니.
    가까이 가면 스스로 열리는 문이 더 있지 않을까?
    망설이느라 다가갈 엄두도 못 내던 문이 꽤 있는데, 용기 내서 한번 서 봐?
    기다렸다는 듯 순식간에 열려버릴 수도 있나?

가 보고 싶어졌다. 안 열리면…… 열림 버튼을 찾아보거나,

톡, 밀거나,

뒤로 한참 물러섰다가, 전력으로 달려 부수거나.

11

인터벌 러닝

짧은 거리를 자신의 한계에 이르도록 빠르게 뛰고 이어서 짧은 거리를 천천히 달리며 회복하는 러닝. 5세트 이상 반복한다. 보통 10세트 정도!

빨리 뛸 때는 자신의 최대 속도와 최대 심박수를 확장하며 고통을 견딘다.

천천히 뛸 때는 호흡을 되찾으며, 다시 닥쳐올 고통을 준비한다.

세트가 거듭될수록 회복이 더디고 고통의 순간은 길어진다. 천천히 뛰는 구간에서도 호흡이 진정되지 않는다.

이 훈련의 목적은 두 가지다. 더 빨리 달리고 더 빨리 회복하기.

마지막 세트를 마치고 나면 바닥에 눕거나 허공을 향해 주먹을 높이 든다.

의외로 이 훈련은 마음을 단련시킨다. 포기하고 싶은 순간마다 움직이게 하는 힘은 육체의 근육이 아니라 마음의 근육이다. 마음이 이겨내면 육체도 이긴다. 장점이 하나 더 있다. 너무 힘들어서 다른 생각을 할 여유가 없다는 것.

12
나는 이 속도로 달릴 수 있다

 인터벌 러닝의 핵심은 비록 짧은 거리라도 자신의 한계 속도로 빨리 뛰는 것이다. 그걸 해내면, 긴 거리도 빨리 뛸 수 있다는 믿음.

 처음 인터벌 훈련을 할 때 코치가 말했다.
 "인터벌을 왜 하는지 아세요? 다리한테 알려주는 거예요. 나는 이만큼 빠르게 뛸 수 있는 사람이다. 그러니까 대회 때 이 속도로 계속 달려도 당황하지 마라!"

 다리는 그 속도를 기억한다. 심장도 마찬가지.

만약 고통 속에 있다면, 이겨내는 모습을 스스로에게 보여주어야 한다. 그러면 마음은 그걸 기억한다. 단단해진다.

'내가 고통과 싸워서 이긴 사람이다. 그러니까 믿어, 자신을!'

13
기어코 해내는 사람

"400m를 80초에 뛰고, 200m를 80초 혹은 더 천천히 달릴 거예요. 이렇게 10세트입니다."

생애 첫 인터벌 훈련 때 코치가 정해준 미션.

나는 6세트 마치고 포기했다. 낙오. 400m를 80초에 달리니까 심장이 깨질 것 같았고, 다리 근육도 말을 안 들었다. 천천히 달리는 구간에서도 도저히 쉬는 것 같지 않았다. 첫 세트 마쳤을 때 이미 주저앉고 싶었다.

함께 훈련하는 친구들도 인터벌이 처음이어서 대략 절반이 포기했다.

'지실'도 포기한 것처럼 보였다. 그런데 한 세트를 쉬고 다시 달렸다. 10세트를 마친 용맹한 친구들이 피니시라인에 들어오고 나서, 지실은 마지막 한 세트를 달렸다.

모두가 지실을 보았다. 혼자 뛰고 있었으니까. 멈췄던 사람들 중, 끝까지 달린 건 그녀뿐이었다.

나는 그 장면을 기억하기로 다짐했다.

강한 압박 속에서 도저히 더 나아갈 수 없을 때, 기어코 해내는 사람이 있구나.

14
매일 달리고 깨닫는 거

형 오늘 저녁에 뭐해요?
달리기 해.
내일 저녁에는요?
달리기 해.
그러면 모레는요?

달리기 하지. 감사하다는 생각이 들었다. 나의 육체와 심장. 달리는 의지.
연달아서. 감사한 것들이 마구 떠올랐다. 뛸 수 있는 날씨, 집 근처의 한적한 거리, 새로 산 러닝화, 눈썹을 건드리는 바람, 선하게 맑은 풍경, 모두 절대적으로 빛나는 존재들. 내 편이 되어주고 있다.

헤아려보면 나를 싫어하는 사람도, 내가 싫어하는 사람도 손에 꼽을 정도인데

나를 사랑하거나 내가 사랑하는 존재들은 어쩜, 차고 넘쳤다.

15

낮의 트랙에서

400m 트랙이 깔린 반포의 한 운동장
평일 낮에 혼자 들러서 구령대에 앉아 바라보았다
걷는 사람 몇, 옆의 농구장 하늘로 날아가는 공과 공
5분쯤 멍하니 있다가 편안해서 10분을 더,
거의 없는 사람처럼
죽는 게 뭔지 모르고 죽지도 않을 거지만
그렇게 사라져도 나쁘지 않을 것 같았다
그래서 혼자 말해보았다

여기가 나의 무덤이야
하지만 조금도 슬프지 않지

눈을 감고 한참을 더 있었다 아무도 부르지 않아서 나는 더 나에 가깝고 무한히 나에게 수렴하는 나를 느끼다가 내 안의 사랑을 꺼내 나랑 비슷하게 생긴 사람 한 명을 빚어두고 저녁을 향해 갔다

16
서브3

이 책 원고를 읽은 친구가 물었다. '서브삼'이 뭐야?
못 알아듣고 되물었다.
서브산?
아니, 서브삼.
아, 서브쓰리?

서브쓰리는 마라톤 42.195km를 3시간 안에 달리는 것이다. 2시간 59분 59초까지, 인정.
일반인 러너에겐 엄청난 기록이다. 러너라면 한 번쯤 서브쓰리를 목표로 삼는 자신의 모습을 떠올린다······ 나는 아니다.

그렇게 빨리 뛰는 거 싫어. 만날 바빠서 종일 빨리 움직이고 있잖아!

서브쓰리 못할 것 같아서 이러는 거 아니고 정말로 안 하고 싶어.

나는, 고요히 머물며 나아가기

17
우연히, 웃었어요

'오늘은 보이는 모든 것에게 고맙다고 말할 거야.'
혼잣말하고 집을 나섰다.
엘리베이터를 기다리며 카톡을 확인하는데, 오랜만에 연락한 지인이 고맙다고 말했다.
기억도 나지 않는 사소한 일에 대해.
운전을 하며 아파트 정문을 빠져나오는데, 경비 아저씨가 풍선처럼 둥근 얼굴을 흔들며 말했다. "감사합니다 즐거운 하루 되세요."
뭐지, 세상이 왜 나에게 고맙다고 하지?
나도 고개를 갸웃거리며 웃었다.

18
새도 아니고 물고기도 아니고

마라톤 전설 에밀 자토펙이 말했다.
새는 날고, 물고기는 헤엄치고, 사람은 달린다.

나도 말했다.
우리는, 사람!

19

안부

  며칠 전에 용수가 인스타그램 스토리에 달리기 사진을 올렸다. 용수는 '88서울'이라는 러닝 크루 파운더다. 한동안 용수가 달리는 모습을 보지 못했다. 용수는 하이퀄리티피시라는 신기한 이름의 영상 제작 프로덕션도 운영하고 있어서 늘 바쁘다.

  용수가 어제도 인스타그램 스토리에 달리고 있는 모습을 찍어 올렸다. 용수가, 괜찮구나.

  나는 밤사이 모처럼 숙면하였다. 거의 열흘 만이다. 아침에 일어나 명상을 하는데 용수가 달리는 모습이 계속 떠올랐고, 나는 웃었다. 친구의 무사한 안부가 나를 기쁘게 하는구나. 잘 지내고 있다는 말을 듣지 않아도, 달리는 모습을 보는 것만으로 나는 그렇게 믿는구나. 그래서 새삼 결심하였다. 꾸준히 달리고 열심히 보여주기로. 나의 친구들에게.

20
비브람 파이브 핑거스

호식이는 비브람 파이브 핑거스를 신고 달린다.

비브람 파이브 핑거스는 발가락 양말처럼 생겼다.

비브람은 뛰어난 아웃솔로 유명한 회사다. 그런데 파이브 핑거스는 아웃솔로만 되어 있다.

좋은 러닝화는 발이 지면에 닿을 때 앞으로 나아가는 힘, 즉 추진력으로 몸을 밀어준다. 또한 부상 당할 위험에서 지켜준다. 비브람 파이브 핑거스는 이렇게 놀랍고 당연한 일을 수행하지 않는다. 이건 그냥 아웃솔, 즉 밑창이니까.

호식이는 밑창을 신고 서브3를 하는 게 목표다. 최근 기록은 3시산 25분 01초. 호식이와 함께 달리면 박수 소리가 들린다. 밑창이 지면을 두드리는 소리다.

비브람 파이브 핑거스는 오직 몸의 강함만을 믿고 스스로 추진력을 만드는 러너에게 박수로 경의를 표한다.

할 수 있는 게 이것밖에 없는, 비브람 파이브 핑거스.

21
느리게, 더 멀리

LSD. L은 LONG, S는 SLOW, D는 DISTANCE.

긴 거리를 천천히 달리는 훈련,

어느 정도 '천천히'냐면, 옆 사람과 대화 가능한 속도로.

그렇게 달리면 힘이 많이 들지 않고, 오래 달릴 수 있다.

당연히 먼 곳까지 갔다 올 수 있겠지.

나는 LSD 훈련을 하면서 얼마나 더 느리게 달릴 수 있는지 도전한다.

천천히 오래 달리는 동안

가끔은 빛에 대해 생각하고, 어제의 대화를 다시 떠올리고, 미래의 애인을 상상한다.

나는 어떤 사람일까? 이 질문이 삶의 화두였던 시절도 있었다. 지금은 아니다. 그럼에도 불구하고 나를 새롭게 발견할 때 묘한 안도감이 드는 건 내가 태생적으로 외로운 사람이기 때문일까?

천천히 오래 달리는 동안 나라는 작은 생명 안에서 신호들이 오간다. 어떤 것은 불편하지만, 대체로 좋은 방향으로 흘러간다.

'잘하고 있어, 모든 게 순조로워.'

내가 나에게 말해주는 소리가 들린다.

깊이 더 깊이 생각에 잠겨 멀리 갔다가 돌아오는 동안 가끔은 계절이 바뀌고 내가 다른 사람이 되어 있기도 한다.

22
흐르는 것들

한강 잠원 지구에서 출발해 15km를 달리고 턴해서 돌아왔다.

강물이 느리게 흘렀다. 멈추지 않고.

강물도 LSD하네.

때가 되면 나는 멈춘다. 그런데 나의 무엇이 여전히 달리고 있는 것 같다. 태어난 순간부터 흐르는 시간일까, 아니면 더 나아지려는 의지일까?

가만 보면 삶 그 자체로 LSD구나.

23
LSD
: 아이러니

어떤 사람들은 LSD 훈련이 지구력과 근력을 성장시킨다고 말한다. 내 생각엔 한 가지가 더 있다. 인식.

긴 거리를 천천히 달리면서, 러닝이 자신에게 어떤 의미인지, 이번 대회가 중요한 이유가 무엇인지, 지난 대회에 비해 어떤 부분에서 성장하거나 퇴보했는지 생각한다. 인식은 달리기에만 국한되지 않는다. 삶 자체에 대한 것. 사랑하는 사람, 고민하는 일, 감추는 열등감에 대해 돌아본다. 천천히 길게 달릴수록 자신의 이상적인 모습과 가까워진다. 마치 여행이 그러하듯.

그런데 이 멋진 훈련을 성공적으로 해내기 위해선 한 가지 아이러니를 극복해야 한다. LSD의 힘든 점은

'긴 거리'도 아니고 달린다는 행위 자체도 아니다. '느리게'이다. 체력이 남아 있을 때 몸은 자연스럽게 속도를 높인다. 그것은 관성이기도 하고, 본능적으로 가지고 있는 강함에 대한 의지이기도 하다. 하지만 LSD 훈련의 본질은 몸과 마음을 가라앉히며 오직 천천히 달리는 것이다. 빨리 달리면 달리기에만 몰두하게 되니까. 당연히 자신과 대화 나눌 여유가 없다.

바람이 다가와 천천히,라고 말할 때, 그것을 따를 수 있는 사람만이 자신의 내면과 마주할 수 있다.

24

왜 달려?

친구들과 트랙에서 10km 러닝을 하고 혼자 남아 있었다. 트랙을 내려다보며.

하늘은 왜 파란가, 구름은 왜 하얀가, 무의미한 생각들을 하면서. 그것 역시 달리기를 즐기는 사람만이 누릴 수 있는 행복이라는 걸, 다른 누가 또 아는지는 모르지만, 나는 안다. 빠르게 뛰던 심장이 정상으로 돌아오고, 급격히 올라갔던 체온이 낮아질 때 느껴지는 안락함. 그 순간엔 가능하면 움직이지 않고 머무르는 게 좋다. 그래야 그 느낌이 몸에 오래 남거든. 딱히 명상을 하려고 의식하지 않아도 그 순간 그렇게 앉아 있는 게 명상이 아닌 것도 아니다. 가끔 주변 사람들이 명상을 하면 어떤 기분이 드는지 물어보는데 딱히 어떤 기분이 들지는 않는다. 나라는 '공간'이 고요해질 뿐.

명상을 하다보면 명상은 목적이 아니라 과정이라는 걸 알게 된다. 몸과 마음이 머무는 과정. 우린 매일 종일 빠르게 움직이긴 하니까. 아이러니한 건 달리기도 빠르게 움직이는 동작이라는 건데, 방향이 다르다. 이 책 어딘가에도 적어두었는데 달리기는 내면으로 향하는 여정이다. 그래서 오래 달릴수록 마음의 풍요가 크게 느껴진다. 살면서 우리는 우리를 잊어서, 그래서 외로운 거니까. 나는 달리기를 하면서 혼자 있는 법을 배웠다. 정확하게는 나를 만나는 법을 배웠다. 그러니 달리기가 그 자체로 명상이 아니라고 할 수도 없다. 달리기를 마치고 잠시라도 앉아서 눈을 감고 있으면 많은 감각들을 받아들이게 된다. 가끔은 슬픔도 찾아온다. 자연스럽게 몸을 지나서 사라진다.

그날따라 이상하게 트랙에 사람들이 없었다. 아닌가. 평소와 다를 바 없이 많았는데 내 눈에 그저 텅 비어 보인 건가. 중요한 선 아니다. 누군가 나타나서 트랙을 달렸다. 꽤 빠른 속도로. 그런데 계속 달렸다. 10

바퀴 넘게 달리고 20바퀴 넘게 달리고, 페이스를 유지하면서 계속 달렸다. 팔다리가 길었고, 거의 로보트처럼 보였다. 거의! 사람이지 물론. 그는 아무런 생각도 없어 보였다. 정해 놓은 페이스로 달릴 뿐. 그 모습을 보고 있는데 전화가 계속 왔다. 엄마한테 2통, 친구에게 3통, 회사 직원에게 2통(일요일인데!). 왜 그랬을까, 왜 갑자기 그렇게 나를 찾는 사람들이 많아졌을까. 받지 않아도 아무 일도 일어나지 않았다. 오후 내내 저 러너가 계속 달려주길 바랐다. 그래야 계속 볼 수 있으니까. 나도 트랙을 뛸 때 저런 모습일까? 아냐, 나는 저렇게 로보트 같지 않을 거야. 동작이 일관되지 않고 페이스도 빨랐다 느렸다 왔다갔다 할 거고, 팔다리가 짧고 아니 길지 않고, 무엇보다 달리는 폼이 저렇게 멋있지 않을 거야. 한참 생각을 하고 하늘이 파란 건 어릴 때 내가 파란색 풍선을 너무 많이 놓쳤기 때문이라고 결론을 내리고…… 그는 계속 원을 그리며 달리고 있었다. 아까랑 똑같은 속도로. 이쯤 되면 너가 그만 뛰는 게 먼저인지 내가 이 마라톤 경기의 시청을 그만두고 일어나는 게 먼저인지 내기라도 해야 할 판이었다.

나는 다시 러닝화로 갈아 신고 어깨에 걸친 바람막이를 벗어 옆에 두고 일어났다. 응원대 계단을 내려갔다. 트랙에 왔을 때, 트랙은 스스로 돌아가는 러닝머신 같았다. 아니야, 그렇게 기계적인 것은 아니야. 아름다운 길이었고, 그 길이 시간처럼 스스로 흘러가는 것 같았다. 발을 집어넣었다. 오후 3시의 빛이 우아하게 펼쳐졌다. 느닷없이 찾아온 이 서정이 왜 자연스럽게 느껴졌을까. 달리기는 어떤 이유도 없이, 그저 아름답기만 한 것이고, 거기에 어떤 고통도 담겨 있지 않다고 나는 그 순간 확신하게 되었다. 그러니 왜 달려?라고 물을 게 없는 것이었다.

25
오늘 남산 3회전

　달리기 모임 친구들이랑 9월 셋째 주 일요일 오전 6시반에 남산 국립극장 앞에 모였다. 달리기를 좋아하는 사람들은 이곳을 자주 뛴다. 업힐과 다운힐이 연속으로 이어지는 흔치 않은 코스이기 때문이기도 하고, 숲길이니까. 나무들이 마구마구 모여 있으니까. 나는 가끔 숨고 싶은 마음에 이곳에 가기도 하는데, 나무들 덕분에 도시와 차단된 느낌이 든다. 하지만 숨고 싶은 사람은 들키고 싶은 법이다. 나만 그런가? 혼자 있고 싶지만, 오래 혼자 있는 건 외로워서 못 참는 거. 그땐 고개를 돌려 서울 시내의 모습을 볼 수 있고, 그럴 땐 다시 여지 없이 이 도시를 사랑하게 되는,

그런 곳이 남산 둘레길이다. 날씨가 좋을 때 이곳을 달리면, 달리기가 왜 좋아,라는 달리지 않는 사람들의 질문이 너무나 사소해진다. 어떻게 좋아하지 않을 수 있어?라고 묻는 게 올바르게 느껴져서. 적절한 묘사를 덧붙이는 게 좋겠으나, 생략!

  장충동 위쪽의 국립극장에서 출발해서 둘레길 반대편까지 가면 이태원이 나온다. 대략 3.6km. 갔다가 돌아보면 7.2km. 달리면서 가장 많이 하는 말은, 이게 마지막 오르막이지?이다. 그러면 누군가, 어 맞아! 마지막이야,라고 말한다. 그런데 신기하게도 이런 말을 하고 나면 오르막길이 한 번 더 나온다. 그리고 또 누군가 말하지. 이번엔 진짜야, 진짜 마지막이야. 매번 너무 힘들어서 아 못 뛰겠어,라는 생각을 하지만, 곧 다시 내리막이 나오는데, 나는 그게 너무 마법 같은 것이다. 오르막이 있으니 내리막이 나오는 건 당연한 거 아니야?라고 말할 수도 있는데, 묘하게 다르다. 이건 그저 달리는 길일 뿐이며 이 길 위에서는 언제나 힘이 들고, 달리는 사람들은 이 고통을 너무나 사랑하는 것이다. 많이 달리고 자주 달리니까 사람들이 괜찮냐고 물어보면, 응 괜찮아,라고 말하고, 혼자 생각해보면 안 괜찮나?라고 속으로 말하고, 그래도 좋아,라고 대답하고 다시 달리러 간다. 달리고 또 달렸으니 이 마음의 과정을 설명할 수 있어야 하는데, 못하겠어. 왜 자꾸 모르는 게 더 생기지? 달리기에 대해서. 하지만 확실한 건, 사랑하고 있다는 것. 이 도시의 풍경과 숲의 나무와 공기와 새들의 소리, 구름을.

아무튼 우리는 남산 둘레길을 달리기 시작했다. 아, 여긴 숲이지만 아스팔트 도로다. 그래서 달리기가 좋다. 그날 내 목표는 둘레길을 3번 왕복하는 것이었다. 보통 우리끼리는 3회전한다고 말한다. 그럼 대략 20km다. 오르고 내리고 오르고 내리고 내내 반복하면서. 조를 3개로 나누었고, 5회전이 목표인 조, 우리 조, 2회전이 목표인 조였다. 우리 조는 6명이 출발했지만 서서히 흩어져서 누구는 혼자 달리고 누구는 둘이 달렸다. 각자의 페이스가 있고, 각자의 리듬, 각자의 사색이 있는 거니까. 특히 나는 '달리기'와 '사색' 이 두 단어를 나란히 적거나 말하는 걸 좋아한다. 사실 달리기는 어느 순간 사색의 순간이 되거든. 이런 거다. 달리기는 사색처럼, 의외로 정적이다. 같은 움직임, 같은 속도로 달리는 건 한편으로는 고요한 거니까. 마치 멈춰 있는 것처럼. 반면 사색은 달리기처럼, 동적이다. 오히려 달리기보다 동적이다. 사색은 시공간을 초월하니까. 그래서 두 단어를 나란히 두면, 나는 뭔가, 굉장히 많이 가진 느낌이다. 그 행위의 주체인 내가 마구 성장하는 것 같고. 어디를 달리든 그렇지만, 달리기와 사색을 나란히 두고 생각하기에 가장 어울리는 곳이 남산 둘레길이다. 몰려든 나무들과 아스팔트 길의 조화 덕분일까. 그래서 이곳을 달리면 자주 하늘을 올려다본다. 중력은 무게 중심을 자꾸 낮게 만들지만, 이상하게 나는 이곳을 달릴 때마다 약간은 하늘을 나는 느낌을 받는다. 물론 너무 힘들지만.

 이번엔 우진 님과 둘이 달렸다. 뛰다 보니 그렇게 됐다. 우진 님과 알게 된 건 최근이고, 이야기를 나눠 본 적이 별로 없지만, 내 이름이 우성이고, 우리 형 이름이 우진이어서 친근하게 느껴졌다. 그리고 우진 님은 말이 적고, 마른 체형이고, 딱 봐도 내성적인 것 같다. '사색'을 추구하는 나로서는 훌륭한 달리기 동지라고 할 수 있다. 우리는 말 없이 뛰었다. 그냥 그대로 괜찮았는데 우진 님이 말했다. "다들 대단하세요. 이렇게 힘든데 뛰시는 거 보면." 내가 대답했다. "아, 그죠." 대화는 이어지지 않았다. 내가 별로 할 말이 없었고, 그렇게 말 없이 뛰는 것도 나쁘지 않아서. 하지만 미안해졌다. 말수 적은 사람이 한 마디 한 건데 내가 너무 안 받아줬나 싶어서. 그래서 말했다. "가을이네요. 여름이 영영 갈 줄 알았는데." 그가 대답했다. "그러네요."

뭐야.

우리는 계속 달렸다. 올라가고 내려오는 것만으로도 충분히 바빴고, 숲의 풍경 안에서 모두 비슷하고 모두 다른 나무들을 바라보는 것만으로 행복했다. 혼자는 혼자대로 좋고 누군가 있으면 또 그래도 좋았다. 옆에 있는 말이 없는 사람의 있으나 마나 한 느낌도 좋고. 그저 나란히 달린다는 것만으로도 보이지 않는 무엇인가로 연결되어 있다는 느낌을 받는다. 혼자가 아니다. 흩어져 있는 각각의 달리기 친구들과도 그렇다. 그들은 그들의 달리기에 열중하고 있지만 우리 모두 그 숲 속에서 함께 달리고 있다는 걸 안다. 비단 우리들만이 아니라, 그곳의 모르는 모든 러너들과도. 미세한 무엇인가로 연결되어 있다. 그러니까 그저 달린다는 것만으로도 우리가 그곳에 있는 이유가 생기고, 의미가 생긴다. 모두가 같은 마음이 되는 것. 그러니까 달리기와 사색은 사실은 인과인 셈인데, 달려서, 결국 사색을 향한다. 달리다 보면 어느 순간 마음에 닿는다. 모두가 같은 여정인 것이다.

아니, 그래서 우진 님과 달리다가 3회전에 돌입했을 때, 우리는 자연스럽게 말이 많아졌다. 너무 힘들어서 힘든 걸 잊으려고. "우진 님, 다음 대회 목표는 몇 시간 몇 분이에요?" 내가 물었다. "그게 애매한 게 지난 대회가 첫 풀코스였는데, 기록이 너무 잘 나왔어요. 아픈 걸 참고 뛰었어요. 괴롭게." 나는 그 기록이 별로 궁금하지 않았다. 나는 기록에 연연하는 러너가 아니니까. 하지만 전혀 안 궁금한 건 아니다. 이게 무슨 말도 안 되는 글이냐 할 수도 있는데, 궁금하지 않은데 궁금한 게 다른 사람 기록이다. "몇 분인데요?" 물어보고 속으로 생각했다. '뭔데, 도대체 몇 시간이길래? 가까스로 3시간 대에 들어왔나?' 사실 나는 우진 님은 나보다 느리다고…… 생각하고 있었다. '아닌가? 3시간 30분?' 우진 님이 대답했다. "너무 말도 안 되는 기록이에요. 3시간 9분이요."

나보다 50분이나 빨랐던 것이다. 작년 대회에 내가 3시간 59분이었으니. 창피했으나 아무렇지 않은 듯 달렸다. "아니, 그럼 5회전 조에 가서 뛰어야죠!" 내가 말하자 우진 님이 대답했다. "이제 그렇게 지치면서 뛰고 싶지 않아요."

  그는 올해 대회에 나가지 않는다고 했다. 나도 그렇다. 대회에 나가지 않지만 대회에 나가는 사람들과 함께 달린다. 우리를 힘들게 한 것이 달리기지만 우리를 행복하게 하는 것도 달리기여서. 우리를 회복시키는 것도. 달리기를 하면서 내가 많이 하는 말은 행복하다, 사랑한다,이다. 모두 마음의 작용에 대한 단어다. 달리면 모든 게 좋아진다. 영하 15도일 때는, 그렇게 추운 날 달릴 수 있어서 좋다. 비가 올 때도 그렇다. 그렇게 비가 오는데 달릴 수 있다니. 시원하게 바람이 불 때는 당연하고. 모든 순간, 그저 달리고 있다는 것만으로도 모든 게 좋다.

  '회복되고 있을 거예요, 우진 님.' 굳이 말하지 않아도 안다. 달리기를 하는 모두가 안다. 아, 남산 3회전에 대한 이야기가 이 글의 주제인데, 다른 이야기가 너무 많이 따라붙었다. 우진 님과 나는 3회전을 마침내 완주했다. 2시간이 훨씬 넘었다. 먼저 끝난 다른 조 친구들 일부는 먼저 어딘가로 갔고 5회전을 뛰는 친구들은 여전히 달리고 있었다. 우진과 나, 둘 다 어색해하는 성격이어서 가볍게 인사를 하고 헤어졌다.

그게 마음이 편해서. 그런데 주차장에 가서 또 마주쳤다. 그도 나도 여기에 와야 했는데, 그는 숲 옆 길로 왔고 나는 인도로 왔다. 반갑게 인사하고 또 각자의 길로 갔다.

26
영우의 가을

작년 가을 마라톤 대회를 앞두고 영우는 컨디션이 좋았다. 30km 이상 LSD 훈련도 여러 차례 했고, 페이스도 괜찮았다. 영우의 인스타그램에는 달리기 기록이 자주 업로드되었다. 하루는 치킨을 먹으며 넷플릭스를 시청하다가 그 게시물을 보고야 말았다. 엉덩이를 걷어차이는 기분이 들었다. 러닝복으로 갈아입고 밖으로 나갔다. 밤에 바람이 분주히 어딘가로 갔다. 빠른 속도로. 나도 그래야 할 것 같았다.

친구들은 다가올 대회에서 영우가 어떤 기록을 세울지 궁금해했다. 하지만 영우는 대회에 나가지 못했.

부상. 더 잘 달리기 위해 노력한 것들이 가끔은 우리를 멈춰 세운다.

1년이 지났다. 열흘 후에 영우는 시카고 마라톤 대회에 출전한다. 아프지 않다. 계속 달린다는 것만으로도 다 괜찮고 더 괜찮다.

시간이 어딘가로 사라지는 게 아니다. 다시 시작하는 사람에게 영광의 순간은 찾아온다.

27
흘려 보내기

　중랑천을 달리다가 하늘색 의자를 보았다. 앉아서 쉴까, 그냥 갔다.
　똑같이 생긴 의자가 또 보였다. 역시 그냥 갔다.
　그런데 그렇게 생긴 의자가 또 나타났다. 마치 하늘이 굴러서 나를 따라온 것 같았다. 물결이 구름을 안고 흐르고, 바람이 나무를 살살 밀며 으쓱하는 모습을 지나치는 게 아쉬워서 의자에 앉아버렸다.
　아무 생각 하지 않고 멍하니 오후가 오후를 지나가는 것을 보았다.
　호흡이 차분해지고 열기가 가라앉았다. 느낌을 온전히 적자면, 빠른 호흡과 무거운 열기를 강물과 바람이 안고 흘러가는 것 같았다. 그렇게 보내니 가벼워졌다. 너무나 많은 걸 안고, 심지어 끌어안고, 일부는 어깨와 머리에 올리고 여기까지 온 걸까.

흘러가는 친구들아, 미안하지만 너희가 다 가지고 가 줘.

그렇게 앉아 분별 없이 오직 가벼워지는 느낌만을 간직하였다.

시계를 보니 10분이 지났다. 돌아갈 땐 걸었다. 처음부터 끝까지 달려야 할 이유가 없었는데⋯⋯ 무엇을 찾으려고 한 걸까?

손이 차가워서 맞잡으니 몸 안에 하늘이 흘렀다.

28
DNF

DNF?

이 단어는 이렇게 사용한다. "나, 지난 대회 DNF했잖아."

의미를 모르면 꽤 괜찮은 거 같다. 멋있게 들리기도 하고.

그런데 풀어서 쓰면 'Did Not Finish'다.

대회 주최 측에서 마련한 버스가 레이스 내내 느린 속도로 오가고,
더 뛸 수 없는 러너들이 버스에 올라탄다. 그들은 그렇게 현실을 받아들이는 법을 배운다.

29
첫 DNF

"32km 지점에서 기권했습니다. DNF란 단어도 몰랐고, 버스가 있다는 것도 몰랐어요. 그냥 무엇인가에 이끌리듯 버스에 올라탔는데 몇몇이 앉아 있더라고요. 다들 고개를 숙이고 있었어요. 그 무거운 침묵을 잊을 수가 없어요. 버스는 빠르더라고요. 몇 분 지나지 않아 피니시라인에 도착했어요. 달릴 땐 영영 안 끝날 것 같았는데 버스를 타면 금방 끝납니다. 그때 느꼈죠. 너무나 달리고 싶다. 나는 다시는 이 버스에 타지 않을 거다. 기어서라도 갈 거다.

다음 대회에 기어서 완주했습니다."

30
5시간 이후의 러너들

한국 대부분 대회의 풀코스 마라톤 제한 시간은 5시간이다. 5시간 안에 완주해야 한다는 의미다. 주요 도로의 교통을 통제해야 하니까 제한 시간이 있는 것은 이해가 된다. 차량 통제는 순차적으로 풀린다. 출발선에서 가까울수록 먼저 풀린다. 러너들이 다 지나가야 차들이 다닐 수 있는 거지. 하지만 많이 뒤처진 러너들은 종종 차와 함께 달린다. 35km 지점부터 이런 장면을 흔히 볼 수 있다. 차량 통제하던 장치들이 사라지고, 일부 경찰이 남아 러너들을 인도로 안내한다. 이즈음 레이스를 중단하는 러너가 속출…… 아니, 포기하는 러너도 있지만 계속 달리는 러너가 훨씬 많다. 인도로 달려야 하기 때문에 횡단보도를 거쳐 갈 수밖에 없고, 신호등 앞에서 멈추었다가 파란불이 되면 달려서 길을 건넌다. 실질적으로 주최 측이 운영하는 대회는 끝났지만, 그들이 멈추지 않는 한 레이스는 계속된다. 피니시라인 주변에서 응원하는 사람들도 그대로 남아 불굴의 러너들을 위해 소리친다. 그건 존중의 표현이다. 포기하지 않는 것이 제일 힘들다는 것을 알아서.

마라톤은 시간을 측정하는 경기이고 빨리 들어올수록 성적이 좋다고 말할 수 있다…… 하지만 그것이 전부는 아니다. 역설적으로 5시간 이후의 러너들은 그날 가장 긴 전투를 치른 승리자들이다. 기록이 빠른 러너들보다 오래 견뎠고, 멈추고 싶은 순간도 더 많았을 것이다. 그래서일까? 피니시라인을 넘은 후에도 멍하니 그곳에 머물러 있는 러너들이 있다. 42.195km 내내 너무 간절하게 달려서 주로를 놓아주지 못하는 것이다.

31
준식이의 완주

준식이는 유명 배우의 매니저다. 스케줄을 관리하고 운전을 하는 게 그의 일이다. 다른 사람을 위해 운전하는 게 익숙해서인지 종종 달리기 친구들을 집에 데려다주기도 한다. 2023년 JTBC 서울 마라톤 대회에 준식이는 풀코스에 참가했다. 생애 첫 마라톤이었다. 그런데 도로 통제 시간이 지났는데도 준식이가 피니시라인에 나타나지 않았다. 야박한 주최 측은 대회 명칭이 적힌 커다란 구조물을 쓸데없이 빠르게 철거해버렸다.

응원을 하던 친구들은 마라톤 코스를 역행해 달리기 시작했다. 준식이를 찾아서. 아직 대회를 마치지 못한 러너들이 인도를 달려 혹은 걸어서 오고 있었다. 준식이는 없었다. 그런데 저 멀리서 가라앉았다 떠올랐다 반복하는 동그란 물체가 보였다. 거리가 서서히 가까워졌는데, 그건 순전히 우리가 달려가고 있었기 때문이다. 준식이었다.

준식이는 울었다. 못 가겠어. 죽겠어. 너무 힘들어. 자신이 알고 있는 실패의 언어를 모두 사용해서 버티고 있었다. 매우, 느리게, 전진하면서. 우리 중 누군가 다왔어, 준식!이라고 외쳤다. 정말 그랬다. 1km밖에 남지 않았으니까. 하지만 준식이의 풀코스는 거기에서 온전히 다시 시작되었다. 마지막 1km가 41.195km만큼이나 고통스러웠던 것이다. 못 가겠어, 아니야 다왔어, 죽을 거 같아, 파이팅, 그의 비명과 우리의 환호가 반복되었다.

아스팔트가 커다란 무쇠 같은 팔을 뻗어 준식이를 잡고 바닥으로 끌어당겼다. 그래서 우리가 그 손을 발로 차버렸다. 우리는 더 크게 함성을 지르고, 그 소리 위에 준식이를 태웠다. 항상 다른 사람을 위해 일정을 관리하고 운전을 하는 준식이를 끌고 나아갔다. 피니시라인엔 기록을 측정하기 위해 설치된, 과속 방지턱같이 생긴 장치만 남아 있었다. 드디어 준식이에게 마지막 순간이 찾아왔다. 그 몇 걸음은 오직 준식이의 시간이었다. 스스로의 의지로, 스스로를 위해, 피니시라인을 넘었다. 느리고 처절하게, 그는 계속 울었다. 다시는 안 할 거야! 거듭 말하며. 그러나 믿는 사람은 없었다.

32
비로소 모든 것이

세라 선생님과 가로수길 카페에 앉아 커피를 마셨다. 그녀는 한남동에서 요가를 가르친다. 취미는 걷기. 걷고 또 걷기.
"우성 님, 저 달리기를 해보려고요. 친구가 러닝화를 사줬어요."
나는 세라 '샘'에게 나이키 러닝 어플로 거리와 속도를 확인하는 방법을 알려주었다. 한참을 듣던 세라 샘이 말했다.
"저도 하프를 뛸 수 있는 거예요?" 당연했다. 풀코스도 뛸 수 있다.
"아까 소나기가 와서 오늘은 노을이 예쁠 거 같아

요." 세라 샘이 말했다. 우리는 저녁 6시의 한강을 걷기 위해 현대고등학교를 지나 한강 잠원지구로 갔다. 그리고 잠수교 방향으로 걸었다.

"잠수교를 건너면 한남동이죠?"

"걸어가려고요?"

그녀는 기어코 그럴 셈이었다. 거리가 꽤 될 텐데.

강 건너 남산타워가 선명했다. 5월, 돗자리와 캠핑 의자를 펴고 앉은 사람들이 귀여워서 동화 속에 있는 것 같은 기분이 들었다. 열 명 남짓, 달리기 하는 무리가 지나갔다.

"선생님도 곧 잘 달리게 되실 거예요."

"네, 이제 러닝화도 있으니까요. 노을 좀 보세요. 어쩜 저렇게 예쁠 수 있죠?"

그녀는 잠수교 쪽으로 계속 걸어가고 나는 반대편으로 돌아왔다. 잘 달리는 게 뭘까? 새삼 궁금해하면서.

30분쯤 후에 세라 샘의 인스타그램 스토리에 잠수교가 물을 뿜어내는 모습이 올라왔다. 노을 속에서 물은 분홍빛을 띠었다. 소리가 없는 영상이었는데, 세라 샘이 감탄하는 소리가 들리는 것 같았다.

그리고 나는 생각했다. 그녀는 지금 거기 있구나. 그녀는 어디에 있든, 그 순간의 거기에 머무는구나.

그것은 내가 달리기를 하는 이유였다. 지금과 거기. 온전히 그 순간에 머물기.

  나는 가방에서 노트를 꺼내 어떤 사람이 되고 싶은지 적었다. 비로소 모든 것이 괜찮아지고 있었다.

33
피니시라인

빨리 달리는 건 러너들의 꿈이다.

그러나 빠르게 앞으로 나아가는 게 달리기의 전부라면 혼자 고요히 움직일 때의 우주적 기쁨을 어떻게 설명할 수 있을까?

나는 나에게 집중하기 위해 달린다. 내가 나에게서 멀어지면 무슨 의미가 있겠어.

현재의 나를 상기시킨다는 점에서 러닝은 명상과 비슷하다. 가끔 어떤 리듬이 몸과 마음을 감싸고, 그 리듬대로 앞으로 갈 때가 있다. 아무 힘도 들지 않고 분별에 대한 의지도 사라지는.

그때는 앉아서 명상을 하는 것과 비슷한 상태가 된

다. 달리고 있지만, 그렇게 달리는 속도로 멈추어 있는 상태.
참, 좋다.

새벽에 눈을 뜨면 계절이 변하는 걸 보러 나가고, 걷다가 기분이 좋으면 뛰고 다시 돌아오는 것. 공기가 머물듯 삶에 그저 있으면서.
스스로를 이기기 위해 달리는 게 아니라, 스스로를 더 알아가는 이해의 순간들.

그래서 나는 다짐하듯 적었다.
자신과의 싸움에서 이겼다고 말하지 않을 거야. 나는 나랑 안 싸우고 싶거든. 나는 나랑 대화하고 싶어. 진심으로 원하는 것이 무엇인지 듣고 싶어.

피니시라인은 그저 오늘의 달리기가 끝났다는 것을 말해줄 뿐이다.
매일 다시 시작할 수 있다. 이젠, 무엇도 아무도 나를 막을 수 없다.

34
평화

햇살 가득한 트랙을 바라볼 때,
 눈으로 보는 것보다 눈을 감고 내 안을 바라보는 것이
 풍경을 더 명확하게 보는 것이라는 것을 안다.

사색에 잠기는 시간이 늘어갈수록 마음은 준비가 되는데
 그것은 모든 것에 대한 준비다. 무엇인가를 명확하게 정하고 생각하지 않아도
 생각은 결국 모든 것에 대한 것이다.

역시, 준비가 되면, 알게 된다.

Outro

괜찮지 않아도 괜찮다

그저 움직이는 것만으로도, 무엇이든 조금은 괜찮아진다는 걸 나는 명상과 달리기를 통해 배웠다.

그러니 지금 괜찮지 않아도 괜찮다.

앉아서 눈을 감거나, 바깥으로 나가 느리게 달릴 수 있다.

행복은 주머니 속 동진처럼 문득 거기 있다.

스스로 거절하지만 않는다면.

명상하고 달리고 쓰기
— 새문학 시리즈 4

2025년 6월 30일 1판 1쇄 펴냄

글 이우성

표지일러스트 Nyani(냐니)
편집·디자인 김지영

펴낸곳 소소사
펴낸이 김지영

출판등록 2022년 6월 21일 제2022-000031호
인스타그램 @sososa.books

ⓒ 이우성, 2025, Printed in Seoul, Korea
ISBN 979-11-993037-0-6 04810
ISBN 979-11-979382-5-2 (Set)

이 책의 판권은 소소사에 있습니다.
서면 동의 없는 무단 전재 및 복제를 금합니다.